Ésta es la primera edición de este libro.
Nos encantaría recibir sus comentarios.
Escríbanos a: info@playlistlibro.com.

Descargo de responsabilidad

La información de este libro se basa en las experiencias personales del autor.

No constituye asesoramiento ni recomendación de ningún producto o servicio.

Ni el autor ni el editor acepta responsabilidad alguna por los errores, omisiones o inexactitudes de la información ni por las pérdidas o daños que puedan derivarse del uso de este material.

La información proporcionada por los colaboradores en este libro procede de sus propias experiencias y está escrita con sus propias palabras.

Todas las capturas de pantalla fueron capturadas en el ordenador o dispositivo móvil del autor mientras estaba conectado a su propia cuenta, a menos que se indique lo contrario.

PREFACIO

Por Francisco Toscano

No es ningún secreto que emprender una carrera musical es difícil, y que la industria musical es compleja; más para aquellos que no han tenido la oportunidad de familiarizarse con las complejidades que implica abrirse camino en la música.

La competencia feroz a la que se enfrentan los artistas hoy hace que la tarea de comenzar una carrera musical con el pie derecho para lograr ganarse un lugar en las playlists de los fans, en los oídos de los editores musicales de las plataformas digitales, en las páginas de los periodistas y blogueros musicales, y en las agendas de promotores de espectáculos y ejecutivos musicales, parezca una labor imposible. Afortunadamente, ya no estás solo, gracias a la existencia de este libro escrito por el artista, ejecutivo musical, y educador, Mike Warner, quien ahora lanza *Work Hard Playlist Hard* por primera vez en español.

En este libro encontrarás una detallada explicación de los diferentes recursos que las diferentes plataformas digitales ponen a tu alcance para que puedas presentar tu trabajo y brille sobre los demás, para que promuevas tu música tú mismo sin la necesidad de contar con un gran equipo y grandes presupuestos, y, sobre todo, te da consejos de cómo podrás ir formando tu red de contactos dentro de esta complicada y fascinante industria, contactos que te ayudarán a lograr tus objetivos profesionales e incluso podrían convertirse en tus amigos y fans para toda la vida.

Este libro es un detallado y accesible recurso educativo que te ayudará a llevar tu música a nuevos oídos, y desarrollar tu presencia digital como artista a niveles profesionales. El conocer las mejores maneras en las que puedes presentar tu trabajo es vital para causar una buena impresión, y esto permitirá que los potenciales fans y los ejecutivos de los diferentes sectores de la industria musical tomen en serio tu trabajo y te ayuden a impulsar tu carrera.

Destacar como artista en un mundo tan competido, donde cientos de miles de canciones son agregadas diariamente a las plataformas digitales especializadas en música como Spotify, Apple Music, o YouTube, tiene su ciencia. Por ello, un artista profesional que pone su mejor esfuerzo para lograr el triunfo y hacer realidad sus sueños, tiene las mayores posibilidades de lograrlo.

Si estás leyendo estas líneas, seguramente lo haces porque deseas ser un artista exitoso que toque las almas de miles de personas...y te tengo una buena noticia: haz comenzado en el camino correcto. ¡BIENVENIDO!

¿QUÉ ES A&R Y CÓMO AFECTA MI UN PROYECTO MUSICAL?

Empecemos por definir rápidamente qué es A&R dentro de la industria musical. A&R significa "Artista y Repertorio" donde la primera parte del proceso se refiere al artista, pues consiste en identificar las nuevas corrientes musicales, el talento musical emergente que mejor las representa, y finalmente lograr traer ese talento a la compañía y/o proyecto para el cual se trabaja. La segunda parte del proceso se refiere al repertorio, que es principalmente el buscar las mejores canciones para el artista que se ha unido a la compañía o proyecto, así como trabajar con los productores musicales, fotógrafos, realizadores de video, diseñadores y demás profesionales creativos que ayudarán a llevar el proyecto musical a su mejor nivel.

Teniendo claro esto, es importante mencionar que la parte artística, es la más importante de todas. Esta parte del proceso de descubrimiento de talento consiste en encontrar música que sea de buena calidad, que sea novedosa, y que represente de manera excepcional el talento del artista, así como la corriente musical a la que pertenece. Un A&R buscará trabajar el proyecto de mejor calidad, el más original, y el que tenga más personalidad entre todos aquellos proyectos que estén haciendo un trabajo similar.

Si bien en el pasado la mejor manera de encontrar a nuevos artistas era mediante asistir a espectáculos en vivo que tenían lugar en bares, recintos musicales independientes, festivales, y conciertos privados, también conocidos como showcases, ahora la mejor manera de encontrar a estos nuevos artistas por primera vez es mediante el internet. Es aquí donde radica la importancia de saber presentar el trabajo musical de la manera más profesional posible en las plataformas digitales, pues es ahí donde los ejecutivos de A&R pasan tiempo buscando a las estrellas musicales del mañana.

Entre las cosas que son relevantes para los ejecutivos musicales está el poder ver la tracción que el trabajo del artista está provocando en el público en general, tanto en reproducciones, vistas, así como las interacciones y crecimiento que el artista tiene en todas las plataformas digitales donde está presente. En la era de dominio de los servicios de streaming, es evidente la importancia que tiene que el trabajo del artista sea incluido en playlists de buena reputación. Lo anterior me lleva a recordarte que evites caer en la tentación de pagar para que tu música sea colocada en playlists, y mucho menos pagar para generar vistas o reproducciones, pues esto es fácilmente identificable por los especialistas de la industria, así como por los servicios de streaming musical, quienes podrían aplicar serias penalizaciones por llevar a cabo estas prácticas, sin contar que dichos recursos serían dinero perdido.

Un artista que tiene una presencia digital pulida y consistente en todas las plataformas digitales, en adición a música con personalidad y de buena calidad, tiene más posibilidades de llamar la atención de los cazatalentos, pues esto les deja ver que el artista tiene una ética de trabajo consistente, y una visión artística clara. Estos dos elementos son música para los oídos de los ejecutivos musicales, pues señalizan que será más fructífero trabajar con ese artista en particular, y que las posibilidades de éxito para todos los involucrados serán mayores.

Francisco Toscano es un profesional de la industria musical, cantante, compositor y economista. En el momento de la publicación de este libro, Francisco es responsable de la investigación A&R para los mercados latino mexicano y estadounidense de una importante discográfica. Entre los fichajes logrados bajo la dirección de Francisco en su puesto actual se encuentran los éxitos internacionales de música latina "Baila Conmigo" de DJ Dayvi, "Solteroski", "Saxo Suelta", Tak Tiki Tak y Ty Moy Kayf. Artistas como Kenia OS, La Ross María, Humbe, Elsa y Elmar, Diferente Nivel y Virlán García también fueron fichados gracias a los esfuerzos de Francisco. La experiencia y habilidades de Francisco en la música abarcan el descubrimiento de talentos (Investigación A&R), Interpretación Pública y Radiodifusión, metadatos musicales, marketing y licencias internacionales, coordinación de producción musical, promoción de música digital, composición de canciones e interpretación como cantante. Antes de dedicarse a la industria musical, Francisco desarrolló una exitosa carrera en servicios financieros, desempeñando funciones como la gestión de proyectos, la coordinación de migraciones de plataformas informáticas, el diseño y lanzamiento de nuevos productos, el diseño de procesos, la excelencia en el servicio al cliente, la prevención y control del fraude, las operaciones de cumplimiento de la legislación contra el blanqueo de capitales, la evaluación financiera, la elaboración de informes financieros y la elaboración de presupuestos corporativos.

Introducción

Esta colaboración entre Erika Parr y Mike Warner surgió a partir del deseo mutuo de expandir este conocimiento a todos los artistas independientes de habla hispana.

Si puedo ayudar y aprender, todos ganamos.
Un mensaje de Erika Parr:
La conferencia DIY Musician volvió en 2022. Fue maravilloso ver caras conocidas y volver a ver físicamente a gente de verdad. Ya conocía a Mike de otros eventos y de su trabajo educando artistas. Decidí hablar con él con la idea de traducir su libro "Work hard playlist hard" al español y al portugués, porque sabía cuántos artistas independientes increíbles podrían beneficiarse potencialmente de esto. ¡Mike dijo que sí! Y esta increíble colaboración y viaje comenzó.
Gracias por estar aquí. Esperamos que este libro os abra muchas puertas.

Sobre la co-autora y traductora de la versión española, Erika Parr:

Erika Parr es educadora y profesional del marketing musical y forma parte del departamento de marketing internacional de CD Baby, actuando como gerente de Contenidos internacionales. Se encarga de la creación de contenidos y acciones como tutoriales, herramientas de lanzamiento y contenidos de vídeo en YouTube. Ha trabajado en diferentes departamentos, ayudando a artistas de todo el mundo en portugués, español e inglés. Especializada en distribución digital y marketing musical, ha vivido y trabajado en Brasil, España y Estados Unidos. Ha participado en dos de las mayores conferencias para artistas independientes del mundo, la DIY Musician Conference, tanto en Europa como en Estados Unidos.

Sobre el autor: Mike Warner

Este libro comparte todo lo que me hubiera gustado saber cuando empecé. También detalla partes vitales de mi viaje, desde ser un entusiasta amante de la música y productor musical hambriento, hasta un exitoso nerd de la música en streaming que se gana la vida en esta hermosa y loca industria. Es el resultado de muchas conversaciones con amigos, artistas, sellos discográficos y managers. Te sugiero que tengas papel y bolígrafo en tus manos.

He sido un amante de la música toda mi vida, con una colección de música de funk, hip hop, punk, rock, electrónica, ska y demás. Fui DJ durante 20 años, presenté varios podcasts y programas de radio, ayudé a numerosos artistas a convertirse en independientes, produje música bajo varios nombres artísticos y trabajé con algunos servicios de música de fondo. Después de muchos años intentando entrar en la industria musical y haber aplicado múltiples a trabajos, llegué a la conclusión de que mi currículum no era lo suficientemente sólido.

Decidí construir mis propias oportunidades a través de la autoformación. Lo que he aprendido es que los artistas de hoy tienen más poder, herramientas y oportunidades que nunca. Sólo necesitan adquirir los conocimientos adecuados para tener éxito.

Muchos de los consejos que compartiré están inspirados en una pregunta que me hizo un artista. Este libro está escrito para enseñarles cómo preparar a un artista para el éxito a través del uso de los servicios de streaming, al mismo tiempo que construye el valor de su marca a través de una fuerte curación de playlists (las playlists!). Estas ideas serán útiles para músicos, artistas, managers, representantes de sellos o cualquier persona con un papel en la industria musical.

Esta segunda edición ya no se centra únicamente en el lanzamiento y la selección de playlists. Se ha convertido en mucho más que eso. Está repleta de herramientas que están disponibles para ayudar a un artista a hacer llegar su música a un público más amplio y proporcionarle estrategias para el crecimiento a largo plazo en muchas plataformas.

Además, aprenderás a tener un enfoque en la presencia online, datos, herramientas y todo lo que puede ayudar a un artista a crecer.

Sin más preámbulos, bienvenidos a "Playlists - Una Guía para el músico" - ¿Listos?

¿Qué es una Playlist (playlist)?

Una playlist (Playlist) es una lista de canciones que se pueden escuchar a través de un DSP (En inglés, "Digital Service Providers"). La playlist puede escucharse de forma secuencial o en orden aleatorio.

DSP SIGNIFICA "PROVEEDOR DE SERVICIOS DIGITALES". UN DSP PUEDE SER UNA TIENDA COMO ITUNES O UN PROVEEDOR DE MÚSICA EN STREAMING COMO SPOTIFY, APPLE MUSIC O DEEZER.

Las Playlists pueden ayudar a un nuevo público a descubrir tu música.

Las playlists han existido durante muchos años en muchos medios, desde las cintas de casete hasta la radio, pero nos referiremos exclusivamente a las playlists en los DSPs (digital).

Las Playlists pueden ayudar a un nuevo público a descubrir tu música por asociación. Al igual que el cambio de emisoras en la televisión o las emisoras de radio en el coche, las playlists ofrecen una variedad de música tanto de artistas independientes como de discográficas.

Sólo en Estados Unidos se añaden más de 75,000 canciones a una playlist cada día. Intenta asimilar este número por un segundo....

Las playlists te ayudan a destacarte entre todas las demás canciones. Piensa en ellas como un escaparate público de música con un alcance sin límites. Los artistas se han encontrado con la posibilidad de crear grandes giras, firmar lucrativos contratos discográficos, conseguir un puesto en películas y programas de televisión e incluso dejar sus trabajos cotidianos. Estas y otras muchas historias son cada vez más frecuentes, ya que los artistas encuentran la manera de rentabilizar su arte y de ser estratégicos a la hora de lanzar playlists para asegurarse de que su música llegue al mayor número de oídos posible.

Existen innumerables tipos de playlists. Cada una tiene un valor y un método diferente.

Playlists editoriales

Las playlists editoriales son elaboradas por el personal que trabaja directamente para la plataforma de streaming. Pueden proporcionar un número significativo de escuchas, **pero no deberían ser tu único objetivo**, ya que estos curadores raramente se comunican con los artistas y su apoyo nunca está garantizado. Aunque algunos de estos curadores editoriales no tienen una fuerte presencia online, hay algunas excepciones.

¿Cómo puedo encontrar una playlist editorial?

Las playlists se identifican fácilmente porque el nombre del curador/usuario coincide con el DSP. Spotify, por ejemplo, mostrará " Spotify" en cada playlist que posea. Como ejercicio, echa un vistazo a las playlists "Mal de Amorer
" y "Rock en Español". Lo ideal es que sigas las playlists en las que te gustaría ver tu música. Esto te ayudará a entender mejor lo que buscan los editores.

Playlists Generadas por Usuarios, Creadores de tendencias, Marcas y más

Hay mucho potencial en las playlists, más allá de las editoriales. Por eso es importante comprender cómo se difieren y cómo sacar provecho de cada una.

Playlists generadas por los usuarios

También conocidas como "Playlists de terceros", son elaboradas por usuarios habituales (comunes) como tú, que hacen públicas sus playlists para que cualquiera pueda seguirlas y transmitirlas (compartirlas). Al establecer una conexión con los propietarios de estas playlists, puedes tener más posibilidades de recibir su apoyo en el futuro.

Una de las ventajas de las playlists generadas por usuarios es que tienes la oportunidad de encontrar a ese usuario y conectar con él a través de las redes sociales, el correo electrónico u otros medios. Suelen ser mucho más accesibles que los curadores editoriales.

¿Cómo puedo encontrar una playlist de un usuario?

Si miras la sección "de" por debajo de la descripción de la playlist, verás un nombre. Haz clic en ese nombre y te llevará a su perfil. Verás claramente la cantidad de playlists públicas de este perfil.

¿Cómo puedo contactar el usuario?

He aquí algunas estrategias para intentar localizar a los propietarios de las playlists. Por supuesto, son sólo sugerencias y pueden no funcionar para todas las personas. (Esta primera es una táctica furtiva que he encontrado que funciona en algunos casos).

Búsqueda de imágenes en Google

Google te permite hacer una captura de pantalla de la foto de perfil del usuario, subirla a Google y buscar instancias coincidentes de esa imagen. Si la foto es una foto única de la persona, puedes encontrar enlaces a sus redes sociales o a su sitio personal en los resultados de la búsqueda. La gente tiende a utilizar la misma foto de perfil en todas las redes sociales.

Visita images.google.com para utilizar esta función.

Facebook

Spotify permite a los usuarios iniciar sesión con sus credenciales de Facebook, que también utiliza su foto de perfil de Facebook y su nombre en su perfil de Spotify. Una rápida búsqueda en Facebook puede hacer coincidir el nombre y la foto con el perfil del usuario en Spotify.

Chartmetric

Chartmetric tiene datos de millones de playlists de varios DSPs. Siempre que sea posible, aparecerá el sitio web y las URL de las redes sociales del curador. Esto puede ser útil cuando se trata de encontrar una forma de contactar con el curador a través de las redes sociales.

Playlists de marcas

Muchas marcas han utilizado playlists para llegar a sus clientes fuera de sus tiendas. Las playlists de marcas mantienen a los clientes conectados y ofrecen algunos beneficios en forma de publicidad gratuita. Por ejemplo, Nike tiene playlists para correr, Disney tiene playlists para cantar, Starbucks tiene playlists para tomar un café con leche (¿ves lo que he hecho?).

Las celebridades o las personas influyentes también pueden ser verificadas con una cuenta de marca. Estos suelen ser muy difíciles de contactar sin tener un contacto directo con la empresa de gestión.

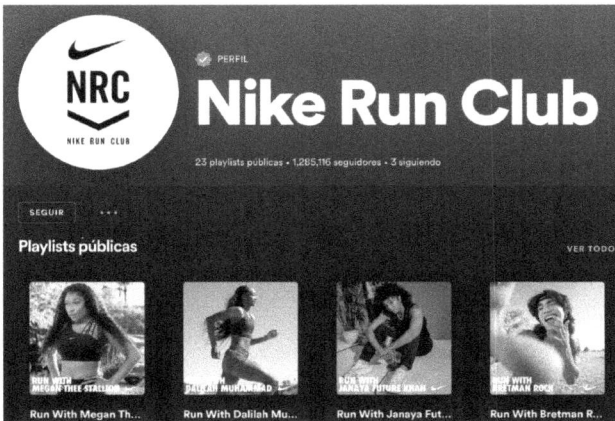

¿Quién administra estas playlists de marcas?

Por lo general, alguien del equipo de marketing se encarga de la selección. Sin embargo, hay algunas empresas que tienen un departamento de música que supervisa las actuaciones en directo, la música para los anuncios de televisión y las playlists. La mejor manera de encontrar los es hacer una rápida búsqueda en Internet. Suele haber al menos una entrada en el blog que destaca a sus curadores.

Servicios de música de fondo

Pregunte a sus padres (o quizá incluso a sus abuelos) qué es el MUZAK, y quizá se sorprendan. No es algo nuevo. La música de fondo (música "en la tienda" o "en el techo") existe desde hace muchos años. Afortunadamente, la música ha evolucionado desde la "música de ascensor" hasta ofrecer música variada de artistas independientes o consagrados.

Esto es dinero gratis, como me gusta decir. La mayoría de los servicios de música de fondo sólo añaden música con licencia directa, lo que significa que la única manera de que tu música se reproduzca en las tiendas a las que dan servicio -y de que te paguen por ello- es concediéndoles una licencia. Esto no significa que sean dueños de tu música. Significa que tienen tu permiso para utilizarla. Por supuesto, lee siempre el contrato.

Imagina que vas de compras a Macy's, escuchas tu canción por los altavoces y ves que alguien saca su teléfono para hacer Shazam. Esta exposición adicional puede conducir a una creciente base de fans en Apple Music y Spotify. Shazam incluso permite ahora a los usuarios transmitir directamente las canciones que han sido previamente "Shazameadas", en su totalidad. Esto cuenta como una reproducción, e incluso puedes añadir tu playlist "My Shazamed Tracks" en ambos servicios.

Para empezar, he enumerado una selección de servicios de música de fondo que han aceptado previamente mis envíos. Ponte en contacto con ellos a través de su correo electrónico general en su sitio web, preguntándoles primero por su proceso de envío de música. Una vez que tengas la información de contacto correcta, haz un seguimiento sólo con tu single más reciente. Si les gusta tu último lanzamiento y quieren todo tu catálogo de música, te lo pedirán. No envíes todo en el primer correo electrónico.

- Mood Media (Global)
- Nightlife Music (Australia and New Zealand)
- PlayNetwork (USA)
- RX Music (USA/Canada)
- SoundMachine
- Soundtrack Your Brand (Global)
- Stingray Music (Canada and Australia)
- StorePlay (Australia)

Perfiles de artista y herramientas DSP

Aunque sólo tenga una canción publicada, esto es crucial. Es esencial tener un perfil con toda la información posible. Si su canción llega al equipo editorial de un importante servicio de streaming, su perfil de artista es lo primero que verán. Si tiene una foto, una breve biografía y una playlist del artista, estará muy por delante de otros artistas que no la tengan.

En la primera edición de este libro compartí enlaces directos a portales de artistas en cada DSP y le insté a que se inscribiera. Desde entonces, la cantidad de herramientas que se proporcionan a los artistas ha ido mucho más allá de la simple posibilidad de subir una foto de perfil y una biografía. Muchos DSPs también proporcionan un conjunto de herramientas de marketing que se pueden utilizar.

Lo mejor es que la mayoría de estas herramientas se proporcionan de forma totalmente gratuita. Como tal, algo que antes era sólo un capítulo ahora va a ser una parte importante de este libro. Le sugiero encarecidamente que cree una lista de comprobación rápida para asegurarse de que ha reclamado su perfil de artista en cada plataforma, y de que conoce todas las herramientas y funciones que ofrecen.

Tenga en cuenta que en este libro no se tratarán todas las plataformas y herramientas de streaming. Estas son las plataformas que he tenido experiencia utilizando y que me siento cómodo compartiendo. (También vale la pena señalar que, desde la edición anterior, Google Play ha sido cerrado y sustituido por YouTube Music).

SPOTIFY

Playlists algorítmicas

Curadas por robots, alimentados por metadatos, estas listas ofrecen música diferente a cada usuario en función de sus hábitos de escucha y sus gustos. Estas playlists incluyen Radar de Novedades, Descubrimiento Semanal y Mix Diario en Spotify.
Una de las mejores formas de asegurarte de que tu música tiene todas las oportunidades de ser escuchada en estas playlists es añadir tantos detalles como sea posible. Cuando rellenes los formularios de envío y subas música a través de un distribuidor, asegúrate de incluir siempre tantos detalles como sea posible.

Playlist editorial personalizada

Estas playlists son curadas por el personal de los DSPs, pero las canciones y el orden son personalizadas para cada oyente. Por ejemplo, si tú y alguien a tu lado abrís Spotify y seguís "Weekend Hangouts", la playlist será diferente para cada uno de vosotros.

Esto se debe a que Spotify crea un conjunto de hasta 600 canciones que están disponibles para cada playlist editorial personalizada en función del oyente. La playlist de cada oyente se limita a unas 100 canciones, lo que da lugar a una experiencia muy diferente y personalizada para cada oyente. Lo bueno de estas playlist es que hay más oportunidades para que se escuche a más artistas porque el banco de música es mayor.

Playlists de los creadores de tendencias

Estas son mucho más raras de ver. En Spotify, cuando vas al perfil de un usuario, en lugar de decir "usuario" cerca de su foto de perfil dirá "creador de tendencias". Se rumorea que los creadores de tendencias se han ganado este estatus gracias a una sólida selección.

¿Por qué son tan valiosos los creadores de tendencias?

Spotify no entra en grandes detalles sobre los creadores de tendencias, pero se cree que si un "tastemaker" elige una canción, esto podría contribuir a la colocación de esta misma canción en varias playlists editoriales.

¿Dónde puedo encontrar a los creadores de tendencias?

Spotify solía mostrar a los creadores de tendencias en la sección de exploración de la aplicación. Antes había una sección llamada "A quién seguir" que sugería amigos y otros curadores, pero ya se ha eliminado. La única forma actual es simplemente preguntar y mirar la página de perfil de cada usuario. Si ves "Creador de tendencia", copia la URL y añádela a una hoja de cálculo. Empieza a llevar un registro de estos a medida que les encuentres.

Playlists de distribuidores

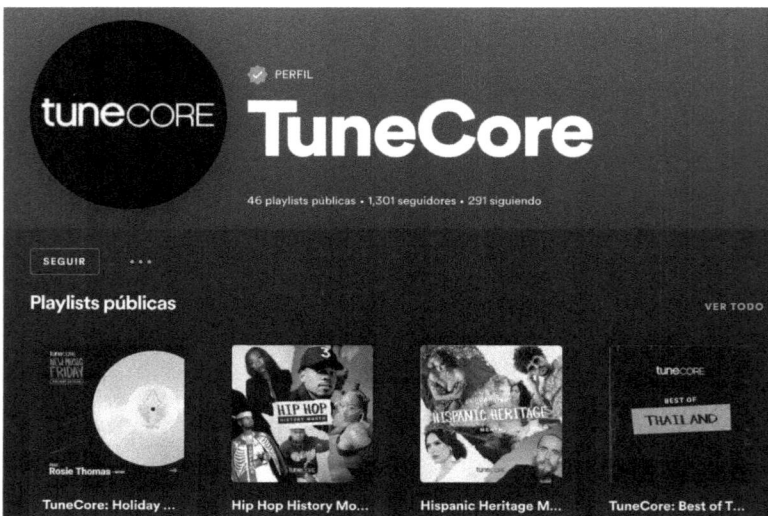

No es infrecuente que los sellos discográficos y las distribuidoras también elaboren sus propias playlists. He aquí algunos ejemplos:

Otros distribuidores también se encargan de la selección bajo sus propios nombres:

- CD Baby
- Ditto
- DistroKid
- TuneCore

Playlists de artistas

Playlists de artistas pueden crecer muy rápidamente con una red adecuada de fans que los apoyen. Son muy valiosas, ya que el artista tiene pleno control sobre la música que aparece.

No es raro que los artistas que ya no crean música nueva sigan teniendo playlists bien mantenidas. Estas listas siempre serán un hogar para que los fans disfruten de su música. Además, si la playlist tiene un número importante de seguidores, es muy valiosa para el mánager/sello del artista, que puede incluir canciones de artistas similares en la lista para darles un impulso.

Actualice su playlist regularmente
Contribución de Nina Las Vegas

Al promocionar mi propia playlist de artistas en Spotify, he descubierto que la consistencia es la clave. La gente vuelve a tu playlist si sabe que la actualizas con regularidad. Como alguien que sigue muchas listas para encontrar música nueva, sé que me molesta cuando apenas se actualizan, ¡así que intento mantener esa mentalidad cuando trabajo en la mía!

Mi playlist "Track IDs" se actualiza cada dos semanas, y me aseguro de promocionarla en todas las plataformas posibles. Cada dos semanas, hago un pequeño sorteo, algo que mis seguidores conocen desde que empezó Instagram. Siempre etiqueto a los artistas más pequeños y emergentes en mis publicaciones cuando las comparto, ya que son los que están más emocionados por compartir sus colocaciones. En estos días, con TikTok también impulsando mucha playlist, me filmo dibujando cada pequeña ficha de promoción y la publico en la plataforma.

La playlist de Nina Track ID se puede encontrar en Spotify.
Descubra más sobre Nina en ninalasvegas.com

Spotify para Artistas

Al principio, solicitar acceso a Spotify para artistas era todo un reto. Los artistas necesitaban un mínimo de 250 seguidores en Spotify y tenían que responder a una serie de preguntas, para luego esperar más de 4 semanas con la esperanza de recibir una respuesta.

Afortunadamente, este proceso se ha agilizado mucho y varios distribuidores de música ofrecen una forma de obtener acceso casi al instante con un proceso integrado en el que los artistas pueden solicitar la verificación dentro de su propio tablero. Consulte directamente con su distribuidor si esa es una opción para usted. Para solicitar acceso dentro de Spotify para Artista veamos los pasos a seguir.

- Visita **artists.spotify.com** y haz clic en Obtener acceso.
- En la siguiente pantalla, haz clic en Continuar.
- Escribe el nombre del artista o pega el enlace de Spotify del artista en el cuadro de búsqueda. Haz clic en el nombre del artista en los resultados de la búsqueda.
- En la siguiente pantalla, verá una de dos opciones:
  -Opción 1: Si su distribuidor tiene conexión con Spotify, tendrá una forma de acelerar el proceso de verificación. Esto puede ahorrarle mucho tiempo de espera y, a veces, darle acceso instantáneo. Si se le presenta esta opción, ¡tómela!
  -Opción 2. Inicia sesión con tu cuenta de Spotify (gratuita o premium) y continúa con el proceso de verificación manual.
  Después de seguir los pasos anteriores, recibirá la verificación instantánea o un correo electrónico detallando cuándo puede esperar recibir el acceso.

Perfil de artista en Spotify

Foto de perfil y banner

Las fotos de perfil y de banner captan la atención de la gente cuando ven tu perfil. Demuestra que te has tomado el tiempo necesario para actualizar tu perfil y convertirlo en un hogar para tus fans.
Evite el texto y los logotipos en su foto. Tenga en cuenta que algunas partes de las fotos se recortarán, por lo que puede que tenga que probar y equivocarse subiendo diferentes imágenes hasta encontrar la que encaje a la perfección. Tuvimos que subir unas cuantas fotos diferentes antes de encontrar una en la que se vieran todas nuestras caras.

Acerca de
En esta sección puede añadir varias fotos, una biografía y enlaces a redes sociales.

Galería de imágenes
Subir fotos a la Galería de Imágenes es extremadamente importante. Al subirlas, estás dando permiso a Spotify para utilizar esas imágenes en diversas comunicaciones de marketing, como el Radar de Lanzamientos, los Anuncios de Nuevos Lanzamientos y los próximos correos electrónicos de "conciertos en tu ciudad". Spotify sólo puede utilizar una imagen si la has subido a tu perfil. Puede dar lugar a un marketing gratuito impresionante, ¡así que sube esas fotos!

Hemos visto nuestras imágenes utilizadas en correos electrónicos de Spotify anunciando próximos conciertos y espectáculos, así como en correos electrónicos compartiendo los Nuevos Lanzamientos de la semana.

Biografía
Una biografía cuenta tu historia y ayuda a los nuevos fans a saber un poco más sobre ti y tu música.

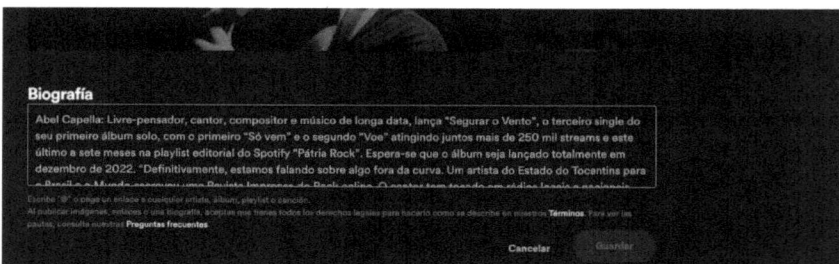

CONSEJO: MIENTRAS EDITAS TU BIOGRAFÍA, PUEDES ESCRIBIR @ Y ENLAZAR A CUALQUIER OTRO ARTISTA, LISTA DE REPRODUCCIÓN, CANCIÓN O ÁLBUM EN SPOTIFY. ¿NO ENCUENTRAS AL ARTISTA ADECUADO EN LOS RESULTADOS DE BÚSQUEDA? PUEDES ESCRIBIR @ Y PEGAR LA URI O URL DE SPOTIFY

DIRECTAMENTE DESPUÉS PARA ASEGURARTE DE QUE ENLAZAS CON LA FUENTE CORRECTA:

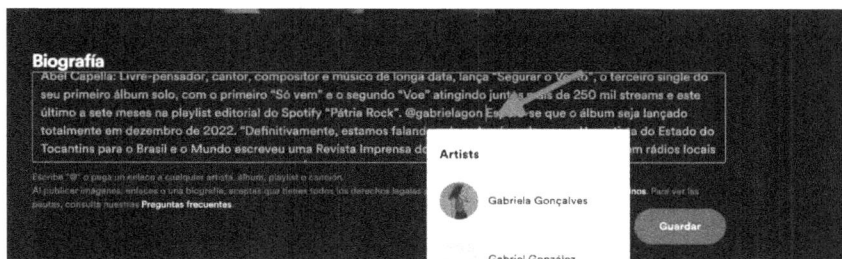

"Artist Pick"

La función Selección del artista le permite mostrar una canción, álbum, podcast, playlist, recaudación de fondos o concierto en la parte superior de su perfil de artista. Es una forma estupenda de promocionar un nuevo sencillo o playlist. Cada pick caduca a los 14 días, así que anote en su calendario que debe actualizarse cada dos semanas.

CONSEJO: SE RUMOREA QUE SPOTIFY VE LO QUE LOS ARTISTAS HAN ESTABLECIDO COMO SU SELECCIÓN DE ARTISTA. QUIZÁ DESTACAR UNA PLAYLIST EDITORIAL A LA QUE LE HAYAS ECHADO EL OJO PARA LLAMAR SU ATENCIÓN, O COMO UNA FORMA DE DAR LAS GRACIAS PÚBLICAMENTE A UN CURADOR.

Más información

Aquí es donde puede enlazar a los fans con sus redes sociales, donde también pueden seguirle y saber más de usted. Como oyente, cuando encuentro un nuevo artista que me gusta en Spotify, suelo seguirlo. Luego hago clic en sus redes sociales y les sigo también allí. Esta es otra forma de captar nuevos fans y de seguir interactuando con ellos en otras plataformas.

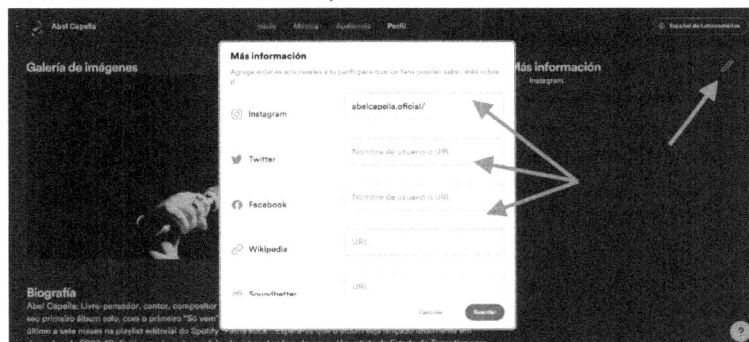

Tarjetas promocionales

Esto te permite crear rápidamente un gráfico personalizado para compartirlo en las redes sociales. Puedes compartir un hito (por ejemplo, 25.000 seguidores) o una nueva canción, incluso un episodio de un podcast.

Puedes cambiar el color y el tamaño a cuadrado, vertical u horizontal. También recibirás un enlace que puedes compartir. Aunque actualmente no hay indicios de que se realice un seguimiento de estos enlaces, cabe suponer que en el futuro podrás ver cuántas personas hacen clic en tus enlaces compartidos personalizados. Esta herramienta está disponible en promocards.byspotify.com.

Ahora puedes crear tarjetas de hitos por alcanzar 1k, 5k, 10k, 25k, 50k, 100k, 500k, 1M, 2M, 5M o 10M de seguidores en Spotify.

También puedes crearlas para hitos de listas, insignias de nuevos lanzamientos, actuaciones en directo y docenas de playlists elegibles.

Canvas de Spotify

Spotify tiene una función genial llamada Canvas. Se trata de vídeos verticales de 8 segundos que muestran cuándo se está reproduciendo una canción. Puedes verlos en la vista "Ahora suena", en la aplicación móvil de Spotify. A partir de febrero de 2021, todos los artistas pueden crear un Canvas para las canciones a través de Spotify para Artistas en la web o en la aplicación para teléfono. Spotify tiene incluso una categoría de diseñador de Canvas en su plataforma SoundBetter que ayuda a los artistas a encontrar un diseñador que cree un Canvas para ellos. Crea el tuyo en www.canvas.spotify.com./es-es.

Spotify y SongKick

Spotify tiene una integración con SongKick que permite a los artistas publicar sus conciertos y retransmisiones en directo a través de la pestaña De gira de su perfil de Spotify.

Los conciertos y las retransmisiones en directo pueden añadirse a SongKick utilizando la caja de herramientas de SongKick que puedes encontrar en tourbox.songkick.com/artists

	De gira		Artículos de promoción
MAR **17**	**Lollapalooza 2023** vie, 20:00 • Hipódromo de San Isidro, San Isidro		**Rosalía / Motomami LP Red Translucent Vinyl** Rosalía 'Motomami' LP Red Translucent Vinyl Gatefold cover.Red translucent vinyl.24"x36"…
MAR **23**	**Festival Estereo Picnic 2023** jue, 20:00 • Campo de Golf Briceño 18, Bogota		**MOTOMAMI Red Transparent Vinyl LP** Official ROSALÍA merchandise Authentic ROSALÍA vinyl pressingOrder your copy of this…
MAY **31**	**Primavera Pro 2023** mié, 11:00 • CCCB / Parc del Fòrum, Barcelona		**EL MAL QUERER Vinyl Record** Protection Each record is protected within its record sleeve by a white vellum anti-dust sleev…
JUN **1**	**Primavera Sound Barcelona - Madrid 2023** jue, 16:00 • Barcelona - Parc del Fòrum / Madrid - Ciudad del Rock, Arganda del Rey , Barcelona		

VER TODO

Las retransmisiones en directo no se añaden al instante y deben ser aprobadas por el equipo de SongKick antes de que aparezcan. Esto puede tardar unos días, así que asegúrate de incluirlas en la lista lo antes posible.

SongKick se puede conectar iniciando sesión en Spotify para Artistas y yendo a Perfil, luego a Conciertos. Una vez que los conciertos se muestran correctamente en el perfil de un artista, también pueden resaltarse como Selección del Artista en la parte superior del perfil del artista.

Búsqueda de letras en Spotify

¿Sabías que puedes buscar una canción en Spotify introduciendo parte de su letra?

Supongamos que un fan ha oído una canción en la radio o en un post de TikTok. Si no captaron el nombre, pueden escribir algunas de las letras que recuerden. Por ejemplo: si escucho una canción con las palabras "pequeño globo azul", puedo introducirla en la barra de búsqueda y obtener resultados de canciones que incluyan esa letra.

Spotify Lyrics Search funciona con MusixMatch. Si tienes un perfil de artista en Musixmatch, podrás subir/entregar las letras a Spotify y hacer que se indexen/puedan buscar en Spotify. Esto es extremadamente valioso para el descubrimiento, ya que presenta otra forma en que los fans pueden encontrar tu música.

La Búsqueda de letras es diferente de las letras sincronizadas, que se desplazan para mostrar las letras al ritmo de la canción, de forma similar al karaoke.

Playlists de artistas en Spotify

Spotify te permite incluir cualquier playlist en la página de un artista, en la sección Listas de reproducción del artista. Aunque no hay forma de crear una playlist utilizando tu perfil público de artista, puedes crear una playlist desde tu cuenta normal de Spotify como usuario, hacerla pública y presentarla en un perfil de artista.

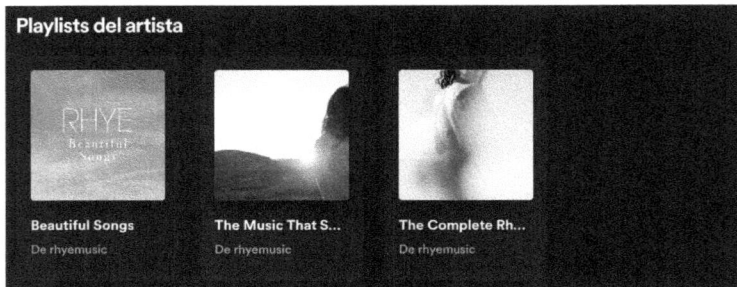

Playlists del artista

Beautiful Songs — De rhyemusic
The Music That S... — De rhyemusic
The Complete Rh... — De rhyemusic

Algunos artistas utilizan esta sección para destacar también las playlists en las que se ha apoyado su música y en las que les gustaría que apareciera su música en el futuro.

Cómo añadir playlists de artistas utilizando tu ordenador:

1. Inicia sesión en Spotify para Artistas desde tu ordenador.
2. Ve a Perfil y desplázate hasta playlist de artistas y
3. haz clic en el botón +.
4. Escribe el nombre de la playlist o pega la URL de Spotify en el cuadro de búsqueda.
5. Haz clic en el nombre de la playlist para añadirla. Repite este paso para añadir varias playlists.
6. Reorganiza el orden de las playlists de artistas haciendo clic y arrastrando.
7. Haz clic en Guardar.

Cómo añadir playlists de artistas en tu teléfono:

1. Inicia sesión en la aplicación Spotify para Artistas en tu teléfono.
2. Haz clic en el icono de perfil (persona con nota musical) y desplázate hasta playlists de artistas y pulsa en Editar.
3. Haz clic en Añadir playlist.
4. Escribe el nombre de la playlist en el cuadro de búsqueda. Haz clic
5. en el nombre de la playlist para añadirla. Repite este paso para añadir playlists.
6. Reorganiza el orden de las listas pulsando con el dedo hacia abajo y manteniéndolo pulsado para arrastrar las playlists.
7. Haz clic en Guardar cuando estés satisfecho con el orden.
8. Visita el perfil del artista en la aplicación Spotify y desplázate
9. hacia abajo para ver la sección de playlists del artista.

CONSEJO: EN LA APLICACIÓN MÓVIL DE SPOTIFY PUEDES EDITAR TU NOMBRE DE USUARIO (QUE APARECE EN LAS PLAYLISTS QUE CREAS). HAZ CLIC EN "EDITAR PERFIL" Y PODRÁS EDITAR TU NOMBRE DE USUARIO Y TU FOTO DE PERFIL. ACTUALMENTE, SÓLO PUEDES EDITAR TU NOMBRE DE USUARIO EN LA APLICACIÓN MÓVIL.

Envío para playlists editoriales de Spotify

Los formularios de presentación de Spotify estuvieron flotando por la red durante unos años. Para los pocos artistas afortunados que localizaron estos misteriosos formularios de Google, los enlaces estaban muy vigilados y rara vez se compartían. Dado que las grandes discográficas y distribuidoras podían presentar lanzamientos prioritarios al equipo editorial de Spotify por otros medios, muchos artistas independientes expresaron su sensación de que se les dejaba al margen. Ahora, todos los usuarios de Spotify para Artistas tienen la oportunidad de enviar una canción al equipo editorial correspondiente.

Si tienes un próximo lanzamiento (una canción que se ha subido a través de un distribuidor pero que aún no ha salido), verás una opción en la parte superior de tu tablero de Spotify para Artistas que te permitirá enviar una canción. Si tu próximo lanzamiento es un álbum, sólo podrás enviar una canción del álbum. Haz clic en "pitch" desde el próximo lanzamiento para empezar.

También puedes encontrar canciones elegibles yendo a la pestaña Música y haciendo clic en Próximamente. Desde aquí, puedes hacer clic en Presentar una canción.

Una vez que envíes una canción, Spotify te pedirá que añadas detalles relacionados con el género y el subgénero. También puedes compartir el estado de ánimo, el momento e incluso la ubicación asociada a tu lanzamiento.

Música

Canciones   Lanzamientos   Playlists   Próximamente

Q Buscar   Últimos 28 días

En el formulario de envío, es importante añadir tantos detalles como sea posible. Esta información va unida a tu canción y ayudará a que llegue al público adecuado. Por ejemplo, si creas hermosa música instrumental para piano, querrás asegurarte de que llega al equipo editorial de música clásica. La información correcta significa que tu canción llegará a varios oyentes a través de playlists editoriales y algorítmicas y emisoras de radio de artistas en Spotify.

En la siguiente pantalla, puedes añadir una ciudad. Aunque puede ser tu ciudad natal, es mejor que elijas la ciudad donde tu música tenga la conexión cultural más fuerte, aunque no sea tu ciudad natal o actual. También puedes describir tu canción para Spotify utilizando 500 caracteres o menos. Aquí es donde cuentas una historia convincente y breve sobre la canción. Si no tienes presupuesto para marketing, no hace falta que lo menciones.

Si no puedes elaborar una historia buena y breve sobre tu canción, pónsela a alguien que no la haya escuchado antes y pídele que la describa en unas pocas frases.

CONSEJO: SPOTIFY TAMBIÉN HA LANZADO UN GRAN NÚMERO DE GÉNEROS ADICIONALES PARA ELEGIR AL ENVIAR MÚSICA. ANTERIORMENTE, A LOS ARTISTAS CON UN GÉNERO NICHO LES RESULTABA DIFÍCIL ENCONTRAR UNA COINCIDENCIA EXACTA AL ENVIAR SU MÚSICA. AUNQUE EN EL MOMENTO DE ESCRIBIR ESTE ARTÍCULO HAY EN SPOTIFY LA ALUCINANTE CANTIDAD DE 5.521 DISTINCIONES EN FORMA DE GÉNERO, NO TODAS ESTARÁN DISPONIBLES EN EL FORMULARIO DE ENVÍO.

A continuación he incluido un ejemplo de una presentación exitosa. En este caso, soy terrible con las palabras, así que le pedí al cantautor que escribiera algo convincente.

EL AMOR, AL IGUAL QUE EL TELÉFONO EN EL QUE SUELE ENCENDERSE, PARECE PRESA DE LA OBSOLESCENCIA PROGRAMADA. MUCHO DESPUÉS DE QUE SE ENFRÍEN LAS LUCES DEL CLUB, DESPUÉS DE QUE SE QUITE TODA LA ROPA SUDADA, DESPUÉS DE UNA DOCENA DE CORAZONES ROTOS Y UN CENTENAR DE MALAS DECISIONES, HOY EN DÍA NO CULPARÍAS A UNA PERSONA POR SU RECELO AL COMPROMISO. POR OTRA PARTE, ÉSE PODRÍA SER TAMBIÉN EL MOMENTO EN QUE ALGUIEN ESTÁ FINALMENTE PREPARADO.

Es seguro decir que el lanzamiento fue bien recibido, ya que la canción acabó en dos playlists editoriales masivas: Pop Chillout y Weekend Hangouts.

Alcance del radar de Novedades de Spotify

Un dato muy importante que a menudo se pasa por alto es que tu canción se añadirá al Radar de Novedades para TODOS tus seguidores si la envías al menos 7 días laborables antes del día del lanzamiento.

Esto es lo bueno. Si tienes 5.000 seguidores, eso equivale a 5.000 playlists del Radar de Novedades a las que se añadirá tu canción esta semana. Si la has enviado para que se tenga en cuenta en la playlist con al menos 7 días de antelación, tu canción se compartirá automáticamente en el Radar de Novedades de tus seguidores el día del lanzamiento.

Las canciones que se envíen con menos de 7 días de antelación no tienen garantizada su inclusión en el Radar de Novedades. También hay que tener en cuenta que si haces un lanzamiento separado para una remezcla de tu canción, no se garantiza su colocación. Sólo se garantizan las canciones originales subidas por primera vez.

Campañas Spotify Marquee

Spotify Marquee permite a los artistas crear una recomendación patrocinada a pantalla completa para los nuevos lanzamientos. La Marquee se mostrará en la aplicación con un aviso para escuchar el nuevo lanzamiento.

Una "Marquee" puede programarse hasta 18 días después del lanzamiento de una canción.

En el momento de escribir estas líneas, Marquee no está disponible en todos los países y hay algunos requisitos mínimos que deben cumplirse para ser elegible.

- Los artistas deben tener más de 15.000 streams en los últimos 28 días en EE.UU.
- Marquee sólo puede crearse para nuevos lanzamientos.
- Si se promociona un álbum, el 50% o más de las canciones deben ser nuevas y no haber sido publicadas anteriormente.
- El distribuidor del artista debe haber activado Marquee.

Para ver si se puede crear una Marquee, inicia sesión en Spotify para Artistas. Las campañas estarán visibles en el menú superior.

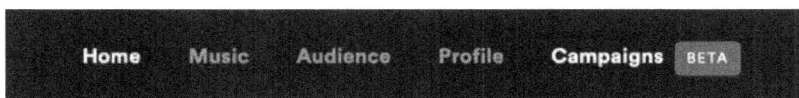

Ten en cuenta que Marquee es una opción de pago para artistas que quieren promocionar su música directamente dentro de la aplicación Spotify.

Estadísticas de Spotify para Artistas

Spotify para Artistas tiene una gran cantidad de detalles sobre la procedencia de las transmisiones y los oyentes de tu música. Puedes ver la ubicación de esos oyentes, de cual playlists proceden las transmisiones y si la gente está escuchando directamente desde tu perfil de artista.

Aunque puede resultar adictivo abrir la aplicación y comprobar tus estadísticas varias veces al día, ten en cuenta que estas cifras sólo se actualizan una vez cada 24 horas, aproximadamente a las 15:00 h EST.

La única excepción aquí es en la aplicación de Spotify para Artistas. Inmediatamente después del lanzamiento de una nueva canción, se muestra el recuento de transmisiones en directo durante los primeros 7 días y se actualiza cada 2 segundos para mostrar el número total de transmisiones.

CONSEJO: ALGUNOS ARTISTAS HAN ENCONTRADO LA FORMA DE INCORPORAR ESTE RECUENTO A UNA TRANSMISIÓN EN DIRECTO EN LAS REDES SOCIALES. ES UNA FORMA DIVERTIDA DE ENTUSIASMAR A TU PÚBLICO COMPARTIENDO ACTUALIZACIONES CON ELLOS.

El pre-save de Spotify: ¿Una buena idea?

Contribución de Jay Gilbert

El pre-saave de Spotify es el equivalente moderno al pre-pedido.
Spotify no ofrece oficialmente la posibilidad de pre-save música antes de su lanzamiento, pero muchas plataformas y distribuidores sí lo hacen. ¿Es una buena idea? Sí y no.
Cuando es una buena idea: Cuando los fans REALES hacen clic en el enlace de pre-save, les lleva a una página de destino para guardar tu próxima música. El día del lanzamiento, la música se añade automáticamente a sus bibliotecas de música de Spotify. En teoría, esto demuestra a Spotify que hay usuarios que guardan tu música y, con suerte, la reproducen.
Cuándo NO es una buena idea: Cuando los usuarios que hacen clic en el enlace y reciben la música en la calle no van a escucharla.
He aquí un ejemplo de esto último: Creas un pre-save que dice "Pre-save y entrarás automáticamente en un concurso por una guitarra firmada". Miles de personas participan para conseguir la guitarra. Sin embargo, en la fecha de salida a la calle, la música se añade a sus bibliotecas y no la escuchan. Esto demuestra a Spotify que, en el peor de los casos, sus fans no son reales y, en el mejor, no están comprometidos.

No siempre se trata del número de reproducciones, seguidores, oyentes y playlists, sino de los adecuados.
- Anima a la audiencia CORRECTA a participar y seguirte en Spotify para que tu nueva música aparezca en sus playlists Discover Weekly y Release Radar.
- No envíes a nadie a Spotify o a un enlace previo que no AMARÁ tu música.
Más información sobre Jay en label-logic.net

Los pre-saves son el nuevo "prepedido"

¿Recuerdas cuando reservar un álbum de tu grupo favorito significaba ir a la tienda de discos y dejar tu nombre y número de teléfono para conseguir una copia física?

Con la llegada de los robots y el avance de la tecnología, la gente empezó a comprar su música digitalmente. Esto hizo que los pedidos anticipados pasaran de las tiendas de discos a Internet. La ventaja de un pedido anticipado en iTunes, por ejemplo, era que la gente podía comprar tu canción por adelantado, lo que significaba que una vez que la canción salía a la venta, aparecía en la biblioteca del comprador. Lo mejor para un artista es que todos los pedidos anticipados se contabilizan el primer día. Esto significa que todas las "ventas" de las semanas anteriores al lanzamiento se calculan el día del lanzamiento. Gracias a esta estrategia, muchas discográficas y artistas consiguen un "número 1 en iTunes el día del lanzamiento", aunque la clasificación caiga en los días siguientes.

Como se rumorea que iTunes eliminará las descargas en un futuro próximo, es hora de planificar con antelación. Aquí es donde entran en juego los pre-saves.

Un pre-save suele entregarse en forma de puerta (véase Puertas). Anima a los fans a seguir una sencilla acción y, a cambio, ser uno de los primeros en escuchar el nuevo single de un artista. Para configurar un pre-save necesitarás el URI de Spotify o el ID de Apple de la canción. Puedes recibirlos de tu distribuidor a veces con 4 semanas de antelación. Una vez que dispongas de estos datos, puedes crear una puerta de acceso a la grabación previa utilizando uno de los servicios mencionados en el capítulo Puertas de acceso.

Una vez que la canción esté más cerca del lanzamiento, podrás pegar el URI en la barra de búsqueda de Spotify. Podrás ver la carátula y el título de la canción, aunque no podrás reproducirla hasta la fecha de lanzamiento oficial. En su lugar, verás las canciones en gris. No pasa nada. Podrás seguir pulsando el botón de guardar.

Los fans pueden guardar tu canción en su biblioteca de Spotify, lo que significa que en cuanto tu canción salga a la venta, ya estará en su sección de canciones guardadas. De este modo, sentirán un cosquilleo al saber que son los primeros en escuchar tu canción. Otra cosa interesante es que, aunque las canciones aparezcan en gris, los usuarios pueden arrastrarlas a sus playlists favoritas. En cuanto la canción salga a la luz, ya estará en las playlists de muchos de tus fans.

CONSEJO: EN LA APLICACIÓN DE ESCRITORIO DE SPOTIFY, VE AL MENÚ DE CONFIGURACIÓN Y SELECCIONA "MOSTRAR CANCIONES NO DISPONIBLES EN PLAYLISTS". ESTO TE MOSTRARÁ LAS CANCIONES QUE AÚN NO ESTÁN DISPONIBLES (EN GRIS), PARA QUE PUEDAS VER SI TU CANCIÓN SE HA INCLUIDO EN UNA LISTA DE REPRODUCCIÓN ANTES DEL DÍA DEL LANZAMIENTO. TAMBIÉN PUEDES UTILIZAR ESTA OPCIÓN PARA ARRASTRAR UNA CANCIÓN A TU PLAYLIST EN LOS DÍAS PREVIOS A SU LANZAMIENTO. VE A NEW MUSIC FRIDAY PARA OTRO PAÍS QUE ESTÉ EN UNA ZONA HORARIA ANTERIOR A LA TUYA, Y VERÁS ESTO EN ACCIÓN.

Las nuevas herramientas de Spotify para Artista

Por Erika Parr

El día 8 de marzo, en un evento en directo, Spotify presentó nuevas funciones para músicos que desean llegar a nuevos oyentes.

Estas herramientas se introducirán gradualmente. Puede que aún no veas esas opciones disponibles en tu cuenta, y eso es normal. Vuelve a comprobarlo de vez en cuando, y con el tiempo estas opciones deberían aparecer.

Del blog de Spotify "For the Record" esto es lo que dijeron:

"Facilitando el desarrollo de la audiencia de los artistas mediante herramientas nuevas y mejoradas

Siempre estamos ampliando nuestro conjunto de herramientas para ayudar a los artistas a encontrar a los fans a los que más les gustará su música. Estas son algunas de las nuevas funciones que pronto encontrarán en la sección Campañas de Spotify para Artistas:

Marquee *es una recomendación patrocinada a pantalla completa de un nuevo lanzamiento que se centra en llegar a los oyentes que han mostrado interés por la música de un artista. De media, Marquee es 10 veces más rentable para conseguir que los oyentes escuchen música en Spotify que los anuncios en las plataformas de medios sociales más populares.*

El Modo Descubrimiento (discovery mode) *es una herramienta a través de la cual los artistas y sus equipos identifican las canciones prioritarias, y Spotify añadirá esa señal a los algoritmos que dan forma a las sesiones de escucha personalizadas. Hoy, el Discovery Mode está disponible directamente dentro de Spotify para Artistas, y es accesible para un mayor número de artistas y sus equipos, incluidos miles de artistas y sellos de distribución independiente.*

Showcase *es una tarjeta móvil en nuestro nuevo feed de inicio que presentará la música de un artista -ya sea un nuevo lanzamiento o catálogo- a posibles oyentes. Estamos empezando a probar Showcase con artistas y sellos discográficos, y lo pondremos a disposición más ampliamente en un futuro próximo.*

También compartimos más detalles sobre la siguiente forma de ingresos que habilitaremos para ayudar a los artistas a crecer: **la mercancía y los eventos en directo.**

Las nuevas herramientas de descubrimiento de conciertos y merchandising *ayudarán a que los espectadores nunca se pierdan otro espectáculo. Los oyentes empezarán a ver ofertas de merchandising y listas de conciertos en muchos más* lugares de la aplicación. Si un espectáculo llama la atención de un aficionado, puede pulsar un nuevo botón de "interesado" para guardar la lista en su propio calendario en la sección de eventos en directo. Los usuarios pueden ajustar su ubicación y navegar por conciertos de todo el mundo, todo personalizado a su gusto.

Spotify también está ampliando su programa **Fans First** para incluir a más artistas, asegurándose de que los mejores oyentes reciben correos electrónicos y notificaciones que les dan acceso especial a preventas de conciertos y exclusivas de merchandising.
Y desvelamos nuevas funciones y ampliaciones de productos que permiten a más artistas expresarse de nuevas formas y crear expectación entre los fans. Entre ellas se incluyen:

Spotify Clips, que permite a los artistas añadir vídeos de 30 segundos a sus perfiles de artista y páginas de álbumes para que los fans puedan profundizar en sus historias mientras las escuchan; y **páginas de cuenta atrás**, que ofrecen un espacio dedicado en el perfil de un artista y en el feed de inicio de Spotify para que los fans puedan pre guardar álbumes, ver vídeos exclusivos, hacer pedidos anticipados de merchandising, previsualizar listas de canciones y ver la cuenta atrás del temporizador hasta un nuevo lanzamiento."

Todavía estamos aprendiendo cómo funcionan estas nuevas herramientas y qué impacto tendrán. Pero esperamos que esto ofrezca a los artistas una nueva forma de encontrar a sus fans.

Participación de los fans de Spotify

Contribución de Mark Tavern

Mejorar tu marketing significa entender el ecosistema de cada DSP e implementar estrategias y tácticas diseñadas para el funcionamiento de la plataforma.
En el caso de Spotify, esto significa comprender mejor su inteligencia artificial, en concreto sus playlists y recomendaciones algorítmicas, y adaptar tu marketing para que la plataforma trabaje para ti.

Los profesionales del marketing suelen hablar de "push" y "pull". Son términos generales que describen cómo se envían y reciben los mensajes de marketing. Cuando una marca utiliza el marketing "push", dirige su mensaje directamente a los consumidores a través de la publicidad u otras promociones. El marketing "push" es activo. Por el contrario, el marketing de "atracción" es pasivo, y los vendedores intentan atraer a los consumidores de forma orgánica. Como artista, es fundamental comprender y aplicar ambas estrategias.
Aunque hay humanos tomando decisiones sobre la plataforma de Spotify, su IA también está atenta a todo lo que ocurre en ella. Saber esto significa ser capaz de sacar provecho de Spotify de forma que ayude tanto a las tácticas push como a las pull. Esto te permite

poner en marcha un plan integrado. El marketing push atrae seguidores a tu música y activa las playlists algorítmicas de Spotify. Esto, a su vez, genera marketing de atracción en tu nombre a través de las recomendaciones de Spotify.

Se dedica mucho esfuerzo a intentar entrar en las playlists de terceros y editoriales, y ambas son importantes para generar atención. Sin embargo, crear tu propio tráfico entrante también es importante. Esta es la parte de empuje de tu estrategia. Realiza campañas que compartan enlaces personalizados para servicios individuales y desde cada una de tus plataformas sociales. Esto aumenta la atención sobre tu música.
Si consigues que un número suficiente de fans hagan clic, se producirá un pico de tráfico cuando varios usuarios escuchen simultáneamente. Si consigues que el pico de tráfico sea lo suficientemente grande, aumentarán las posibilidades de que tu música se añada a una playlist algorítmica.

Esto pone de relieve la importancia de los mensajes del día del lanzamiento. El día del lanzamiento es el mejor momento para centrar la atención en tu música. Compartir un enlace es una forma, y la llamada a la acción adecuada hará que los seguidores hagan clic y escuchen. También hay otros métodos, como crear tu propia playlist que incluye una canción destacada y luego compartir el enlace de la playlist para realizar una campaña previa al lanzamiento, utiliza la "Selección del artista" para animar a las personas influyentes a que dirijan a sus seguidores hacia tu música. ¡Sé creativo!

Todos estos métodos demuestran el push marketing, poniendo enlaces a tu música directamente delante de tus fans. Se trata de tácticas eficaces, no sólo por sí solas, sino por la forma en que pueden hacer que Spotify trabaje activamente para ti a través de las playlists algorítmicas. La mitad de tu plan debe consistir en atraer tráfico que active las playlists algorítmicas de Spotify. La otra mitad es hacer que su motor de recomendaciones trabaje para ti.

Una de las cosas que les digo a mis clientes y estudiantes sobre marketing es que tienen que identificar a su público. La segmentación hace que el marketing sea más eficaz, ya que identificar a las personas que están interesadas hace que llegar a ellas sea más fácil y barato. Spotify lo hace automáticamente. Cada usuario tiene una playlist "Descubrimiento Semanal" adaptada a sus hábitos de escucha individuales. Hay recomendaciones en las páginas de inicio de los usuarios y en la sección "A los fans también les gusta" de las páginas de los artistas. Presentar nueva música a los usuarios es una característica importante, ya que atrae a los usuarios a las plataformas y los mantiene interesados. Utiliza esta información como parte de tu propia segmentación de audiencias. Si Spotify identifica tu música como similar a la de otro artista, es muy probable que los oyentes de ese artista también estén interesados en tu música.

Una vez que generes el tipo de tráfico que Spotify detecta, tu música empezará a aparecer en playlists algorítmicas generadas para usuarios que han escuchado a artistas similares. Esta es la inteligencia artificial de recomendación de Spotify y donde entra en juego tu marketing de atracción.

Prepárate para estos fans potenciales. Su primer punto de contacto es tu perfil, así que asegúrate de que está optimizado. Haz un inventario:

- *¿Están las fotos y la biografía en Spotify actualizadas y en línea con la marca?*
- *¿Estás utilizando las insignias sociales para que los seguidores que escuchen tu música en Spotify por primera vez puedan hacer clic y seguirte fuera de la plataforma?*
- *¿Utilizas la "Selección del artista" para conseguir suscripciones a listas de correo o dirigir a posibles fans a otros sitios que controlas?*
- *¿Muestra fechas de giras y vende productos?*

Si el marketing de "push" funciona, asegúrese de que también lo haga el de atracción. Ofrezca a los nuevos oyentes el mayor número posible de formas de interactuar con usted en la plataforma y, a continuación, asegúrese de que se sienten atraídos por sus propios sitios web. Recuerde que el marketing de atracción no es forzado. Cree las condiciones para que su público objetivo pueda actuar una vez que le encuentre.

Es fácil pensar que los DSPs son un objetivo, que su marketing termina con ellos. En realidad, los DSP son también un medio para su marketing, que le permite utilizar sus características individuales como parte de sus esfuerzos. Si entiendes bien cómo funciona una plataforma, podrás aprovecharla mejor y convertirla en una oportunidad. La inteligencia artificial de Spotify puede ser parte de esto, un lugar no sólo para enviar a los fans existentes a escuchar, sino un lugar donde se puede llegar a nuevos fans y conseguir que escuchen también. Si se hace bien, estos elementos se entrelazan, creando un bucle de retroalimentación sin fin en el que la IA de Spotify se convierte en un elemento clave de tu propio marketing.

Playlists colaborativas de Spotify

En la aplicación Spotify de tu teléfono, puedes crear una playlist colaborativa y añadir usuarios como colaboradores. Esto es más seguro que compartir un enlace, ya que cualquiera que tenga el enlace tendrá acceso a añadir/eliminar canciones de tu playlist.

1. En tu teléfono o tableta, haz clic en Tu biblioteca.
2. Ve a playlists y selecciona aquella en la que quieras colaborar (ten en cuenta que solo puedes hacer esto para las playlists que hayas creado)
3. Haz clic el botón Añadir usuario en la cabecera para que la playlist sea colaborativa
4. Empieza a invitar a otros a añadir canciones y episodios de podcast en redes sociales, aplicaciones de mensajería o simplemente copiando y pegando el enlace.

Recuperación de playlists eliminadas de Spotify

Si has borrado una playlist en Spotify, ¡tienes 90 días para recuperarla! A continuación te explicamos cómo:

1. Entra en spotify.com/account.
2. Haz clic en Recuperar playlists en el menú de la izquierda.

3. Haz clic en Restaurar junto a la playlist que quieras recuperar.

4. Abre Spotify y busca la playlist restaurada en la parte parte inferior de tu colección de playlists.

CONSEJO: HASTA AHORA, RECUPERAR UNA LISTA DE REPRODUCCIÓN BORRADA RECIENTEMENTE TAMBIÉN PUEDE RECUPERAR TODOS LOS SEGUIDORES. ESTO ES MUY VALIOSO PARA LOS BORRADOS ACCIDENTALES Y TE AHORRA EMPEZAR DE CERO OTRA VEZ.

Colaboración de Alexandre Saldanha:

Alexandre es un artista independiente, profesional de la industria musical y representante de marketing en Downtown Music Services. Para hacer Pitch a Playlists editoriales:

¿Importa la ubicación? Y, ¿deberían los artistas de habla hispana y portuguesa presentar sus canciones en inglés?

Cuando se trata de entrar en playlists, la ubicación del artista no importa tanto. En este caso, la historia del artista en ese lugar (giras anteriores, plan de marketing dirigido a un determinado país) son mucho más importantes que la presencia física en la región. Por ejemplo, Beyoncé no necesita estar en Brasil para ganar espacio en las playlists locales. Además de la enorme base de fans que tiene aquí, se hace mucho trabajo de promoción. En su último álbum, RENAISSANCE, por ejemplo, recuerdo haber visto carteles repartidos por toda la ciudad de São Paulo. A esto se suman otras acciones que no se ven, como el impulso en las redes sociales, YouTube, Google, emisoras de radio, etc.

Teniendo en cuenta todo esto, si el artista prevé una carrera internacional, es interesante que el lanzamiento se haga en inglés. Pero es importante que aquí "vislumbre" no sólo el deseo de hacer carrera en el extranjero. ¿Qué está haciendo para desarrollar esto? El mero hecho de traducir las canciones y hacer el pitch en inglés es sólo el primer paso para conseguir este objetivo.

Sección "A los fans también les gusta" de Spotify

A los fans también les gusta   MOSTRAR TODO

| Poolside | Little Dragon | Erlend Øye | Elder Island |
| Artista | Artista | Artista | Artista |

Si visitas el perfil de un artista en Spotify y miras la pestaña "A los fans también les gusta" puede que te preguntes cómo se generan estos artistas relacionados.

Según Spotify, la pestaña "A los fans también les gusta" de tu perfil de artista está determinada por algoritmos, que utilizan una combinación de los hábitos de escucha de tus fans, los debates sobre música y las tendencias que se producen en Internet.

Si hace poco que has añadido tu música a Spotify o quizás has tenido que solicitar la separación de tu música de la de un artista con el mismo nombre, es muy probable que la parte de "A los fans también les gusta" no estará completa.

Por ejemplo, una vez trabajé con un productor de música house que comparte nombre con una cantante infantil. Por razones obvias, rápidamente quiso corregir sus artistas relacionados. Para corregir los artistas relacionados, Thomas García se registró en last.fm.

El siguiente paso fue iniciar sesión en last.fm, ir a Configuración, luego a Aplicaciones y optar por conectarse para Spotify Scrobbling y Spotify Playback.

Last.fm hará un seguimiento de tu historial de escucha dentro de Spotify y empezará a recopilar automáticamente el historial de escucha de otros usuarios. Mi sugerencia es crear una nueva playlist, de unas 20 o 30 canciones, que incluya música tanto del artista como de artistas similares con los que te gustaría relacionarte. A continuación, compártela con algunos amigos o fans y pídeles que la escuchen una o dos veces (sólo una o dos veces, nada de engañar al sistema a menos que quieras que eliminen tu música de Spotify). Asegúrate de que tus oyentes inician sesión en su cuenta de last.fm y se conectan primero a Spotify.

Si todo va bien, como ocurrió en mi experimento, en unas semanas deberías ver que tus artistas relacionados empiezan a cambiar y, con suerte, a ser más relevantes para tu música.

Playlists personalizadas de Spotify

Contribución de Chris Robley

No ignores el poder de las playlists personalizadas. Es fácil distraerse con las grandes listas editoriales oficiales que tienen miles o millones de seguidores. Es incluso más fácil desanimarse si no acabas en una de ellas.

El sistema de Spotify trabaja constantemente en segundo plano para hacer llegar tu música a los oyentes adecuados, oyente por oyente. Puede que no te parezca una gran victoria o un gran titular, pero te ayuda a establecer una conexión. Te ayuda a hacer fans, de uno en uno.

En el caso de mi último single, el 60% de mis transmisiones se debieron a la actividad algorítmica. Durante los primeros 28 días, cuando Release Radar generaba la mayor parte de esa interacción, también obtuve grandes índices de participación. No de cantidad, sino de calidad.

¿Me gustaría tener una gran cantidad de streams? Claro que sí. Pero es raro conseguir lo primero sin lo segundo, y al menos la gente que SÍ escuchaba la canción la disfrutaba. Al fin y al cabo, gracias al motor de recomendación de Spotify, eso es un tipo de éxito.

Más información sobre Chris en www.chrisrobley.com

Limpieza de playlists de Spotify

Echa un vistazo a tus playlists. Es muy probable que algunas necesiten un poco de cariño. Aquí tienes algunas herramientas que utilizo para asegurarme de que mis playlists están siempre en orden:

- Spotify Dedup es un ingenioso sitio web que elimina las canciones duplicadas de tus playlists y canciones guardadas. Puedes encontrarlo en spotify-dedup.com

Eliminar canciones no disponibles. Algunas canciones han sido eliminadas de Spotify o sólo están disponibles en determinados países. Para algunos usuarios, aparecerán en gris y no se podrán reproducir. A continuación te explicamos cómo encontrarlas y eliminarlas:

- En la aplicación del navegador, ve a Configuración y selecciona Mostrar canciones no disponibles en playlists.

Cualquier usuario de Spotify puede activar esta opción y ver las canciones de la playlist que no están disponibles en su territorio o que han sido eliminadas de Spotify (pero aún no de la playlist). Es una buena oportunidad para limpiar tu playlist.

Lista de géneros de Spotify

Every Noise at Once (https://everynoise.com/) es una inmersión profunda en géneros musicales, canciones por ciudad y mucho más. Yo lo utilizo para descubrir nuevos géneros (¿alguien quiere Emo Trap o Metal Pirata?).

Aquí está la explicación directamente de su sitio web:

"Every Noise at Once es un intento continuo de crear un diagrama de dispersión del espacio de géneros musicales generado algorítmicamente y ajustado a la legibilidad, basado en los datos rastreados y analizados por Spotify para 5.521 géneros".

Sí, has leído bien... 5.521 géneros en el momento de escribir este artículo.

Everynoise fue creado por Glenn McDonald. Glenn es el taxónomo de géneros de Spotify y comparte algunos datos alucinantes a través de este sitio web y @EveryNoise en Twitter (X).

Atajos de búsqueda en Spotify

La búsqueda en Spotify se utiliza habitualmente para encontrar canciones, artistas y playlist, pero hay mucho más que puedes hacer. Estas palabras clave de búsqueda son especialmente útiles para encontrar música de un sello discográfico, un género o un lanzamiento en un año o rango de años concretos.

Todas las palabras clave que aparecen a continuación deben introducirse en la barra de búsqueda de Spotify. Escribe el texto que aparece a continuación para probarlo tú mismo.

Búsqueda por nombre de discográfica:
label: (nombre de la discográfica)
label:universal
Si la etiqueta tiene varias palabras, añade un + entre cada palabra
label:tommy+boy

Búsqueda por género
género: (nombre del género)
género:rap
Búsqueda por año
año: (año o intervalo de años) año:2012 o año:2012-2018

Puedes utilizar esta función para crear una playlist de lo mejor de los años 90 o incluso una playlist dedicada a tu sello discográfico y/o género favorito.

Utilizando estas palabras clave, podrás descubrir o redescubrir muchas canciones para tus playlists. En los resultados de la búsqueda, puedes ordenar por nombre de artista o título de canción. Esto te ayudará en el proceso de clasificación, ya que verás varios lanzamientos con la misma canción. No querrás añadir varias versiones de la misma canción a tu playlist.

CONSEJO: ES MUCHO MÁS FÁCIL HACER CLIC EN ELLAS Y ARRASTRARLAS A TU PLAYLIST A MEDIDA QUE LAS DESCUBRES. TAMBIÉN PUEDES HACER CLIC CON EL BOTÓN DERECHO EN LA CANCIÓN Y ELEGIR LA LISTA DE REPRODUCCIÓN A LA QUE QUIERES AÑADIRLA.

Playlists de podcasts y blogs

Contribución de Bree Noble

Muchos podcasts y blogs, especialmente si se basan en un tema concreto, elaboran playlists con las canciones que presentan.
Como fundadora del podcast de música Women of Substance (wosradio.com), cada año produzco varios episodios de podcast temáticos que organizo en playlists.
Algunos ejemplos son la serie "Love Songs For Valentines", la serie "Music With A Conscience" y mi serie "Holiday". Dado que el podcast ya está curado con música de alta calidad en torno a un tema muy específico, combinar las canciones de la serie en una playlist es un ajuste perfecto.
No sólo promociono las playlists a través de mis propios canales, pero consigo que todos los artistas se sumen a la promoción entre sus fans, pidiéndoles que les guste, escuchen y compartan, porque esto beneficia a todos.
Así que, cuando envíe música a un podcast o a un blog, busque en Spotify si esa plataforma también crea playlists. Son oportunidades que merece la pena aprovechar porque ofrecen una doble dosis de exposición.
Descubra más sobre Bree en breenoble.com.

Sellos discográficos vs. Distribuidores

Contribución de Jay Gilbert

La gente suele referirse a "grandes discográficas" cuando quiere decir grandes grupos musicales y/o grandes distribuidoras.
Ejemplos de distribuidoras: Ingrooves, The Orchard, Symphonic, DistroKid.
Ejemplos de sellos discográficos: Atlantic, Sub Pop, New West, Nonesuch.
Los términos "sello" y "distribuidor" se utilizan con frecuencia indistintamente.
La verdad es que son animales completamente diferentes con muy poco solapamiento de funciones y responsabilidades. Veamos las diferencias:

En términos generales, los distribuidores suelen encargarse de:

- *La distribución digital global y monetización*
- *Coordinación del lanzamiento de productos físicos y digitales*
- *Mejores prácticas y resolución de problemas en los DSP*
- *Perspectivas y análisis sobre el rendimiento de los lanzamientos*
- *Presentación a los DSP de playlists y programas de marketing*
- *Identificación de contenidos y optimización de canales en YouTube*
- *Verificaciones en las redes sociales*
- *Gestión de derechos*

- *Posibilidades de sincronización*
- *Pseudovídeos*

En general, las discográficas suelen encargarse de:

- *Estrategia de lanzamiento / plan de marketing — Radio*
- *La fotografía*
- *Licencia de sincronización*
- *Colocación de publicidad*
- *Estrategia completa de marketing digital — Activos en línea*
- *Vídeos musicales / lyric videos*
- *Eventos (excepto en tiendas)*
- *Más información sobre Jay en label-logic.net*

Más información sobre Mark en www.marktavern.com

Le preguntamos a Marcela Murillo, quien trabajó con Santa Fe Klan, y ahora trabaja con Rayben , Nicole Horts y Peso Pluma.

Santa Fe Klan es un artista mexicano que lleva unos años en ascenso y que realizó una exitosa gira por Estados Unidos en 2022.

¿Cómo ayudaron las colocaciones en playlists a este artista a introducirse en el mercado estadounidense?

Mi trabajo con Santa Fe Klan siempre se ha centrado en priorizar las mejores prácticas en cada plataforma. Las playlists tienen la capacidad de poner música en los oídos de diferentes territorios y, sin duda, empujaron para llegar a Estados Unidos. En S4A siempre hicimos el lanzamiento a tiempo para aprovechar las playlists algorítmicas, a medida que las MLs iban creciendo, nos aseguramos de que la tasa de conversión de fans tampoco cayera a través de campañas de pre-save y follow en Spotify.

¿Cuál es tu consejo para los artistas independientes de habla hispana que intentan utilizar el ecosistema de las playlists para introducirse en el mercado estadounidense y mundial?

Que algo más importante que entrar en una playlist es saber mantenerse en ella. Desde el momento en que haces una canción, el mundo ha cambiado y debido al streaming, debes pensar que los primeros segundos son los que darán el sí o el skip a tu canción.
Aprovechar las playlists pero sobre todo tener paciencia para ir subiendo de playlists pequeñas a playlists más importantes, marcan la diferencia.

APPLE MUSIC

Apple Music se lanzó en 2015 y está disponible en más de 100 países de todo el mundo. Si no tienes un dispositivo Apple o un ID de Apple, todavía puedes ver lo que se ofrece en Apple Music entrando en music.apple.com desde tu ordenador. Antes de 2020, los usuarios podían hacerlo navegando a beta.music.apple.com, que también sigue funcionando.

Incluso puedes navegar por la selección de música de Apple Music sin iniciar sesión. Esto te permite asegurarte de que tu música está disponible y ver cómo es tu perfil de artista sin tener que pagar una suscripción. También puedes ver si tu canción ha aparecido en una playlist, en una lista de éxitos o en una de las pantallas de la página de inicio. Por supuesto, sigues necesitando una suscripción para escuchar toda la música.

También puedes cambiar fácilmente el país para ver la página de inicio en varios países, ya que la programación varía según el país. Esta opción está disponible en la parte inferior de la pantalla.

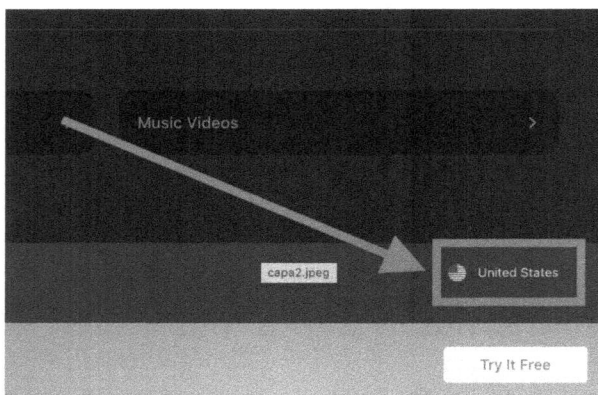

Apple Music para artistas

Los artistas, discográficas y managers pueden registrarse en Apple Music para Artistas en artists.apple.com y solicitar acceso para uno o varios artistas.

También se puede solicitar acceso a través de la aplicación Apple Music para Artistas, actualmente disponible solo en dispositivos iOS de Apple.

Los artistas independientes pueden acelerar sus solicitudes a través de su distribuidor. Actualmente, los siguientes distribuidores disponen de una forma de acelerar el acceso a Apple Music para Artistas:

- CD Baby
- DistroKid
- ONErpm
- TuneCore
- UnitedMasters

Apple Music también incluye información de Shazam. Dato curioso: cada vez que alguien con un dispositivo Apple dice "Oye Siri, ¿qué canción es esta?", la respuesta llega desde Shazam y cuenta como un Shazam, aunque no tengas instalada la app Shazam.

Datos de artistas de Apple Music
Una vez que tengas acceso, veamos las funciones de Apple Music para Artistas.
Visión general
El panel Visión general es un resumen rápido de las reproducciones, el promedio de oyentes diarios, las compras de canciones de iTunes y los Shazams.

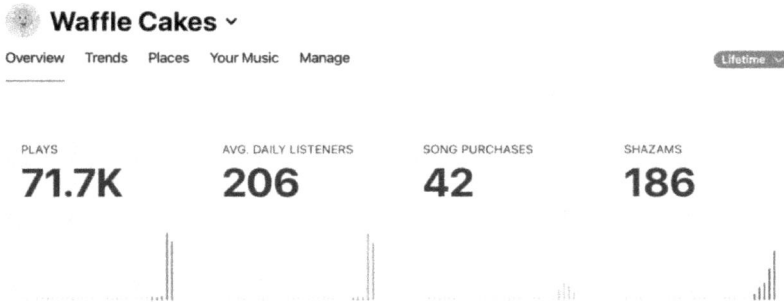

Waffle Cakes ⌄

Overview   Trends   Places   Your Music   Manage   Lifetime ⌄

PLAYS	AVG. DAILY LISTENERS	SONG PURCHASES	SHAZAMS
71.7K	206	42	186

Puedes elegir ver las estadísticas desde la vida del artista en la plataforma hasta la última semana.

Perspectivas

La sección "Perspectivas" te permite echar un vistazo rápido a hitos específicos, para que sepas dónde está despegando tu música en todo el mundo. Esto te informa sobre adiciones a playlists editoriales, hitos de Shazam e hitos de streaming.

Insights

DECEMBER 12, 2020
Hallelujah hit **50,000** all-time plays.

NOVEMBER 28, 2020
Someone You Loved hit **5,000** all-time plays.

OCTOBER 22, 2020
You passed **100** all-time Shazams.

SEPTEMBER 10, 2020
Hallelujah had **192** plays during its first week on Apple Music in **Taiwan**.

SEPTEMBER 3, 2020
Hallelujah was added to the **Baby Sleep** playlist by **Apple Music Kids & Family**.

Tendencias

La sección Tendencias te permite personalizar un gráfico para ofrecer una representación visual de las cifras de tu artista. Puedes utilizar los menús desplegables para filtrar el recuento de flujos por canciones individuales, playlists, ubicaciones, edades, géneros y más.

Waffle Cakes ˅

Overview   Trends   Places   Your Music   Manage   Past 4 Weeks ˅

Plays ˅   By City ˅   All Songs ˅   Locations ˅   Gender ˅   Age ˅

Plays by City

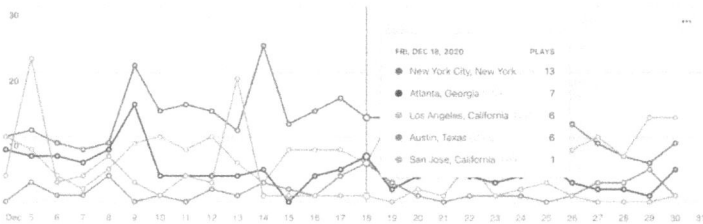

FRI, DEC 18, 2020   PLAYS
New York City, New York   13
Atlanta, Georgia   7
Los Angeles, California   6
Austin, Texas   6
San Jose, California   1

Lugares

Los datos de esta sección te permiten profundizar en cuántas reproducciones, oyentes y Shazams está recibiendo tu música en países o regiones específicos.

Esto puede ser muy valioso para organizar una gira o dirigir los anuncios de las redes sociales a los fans de una ciudad concreta.

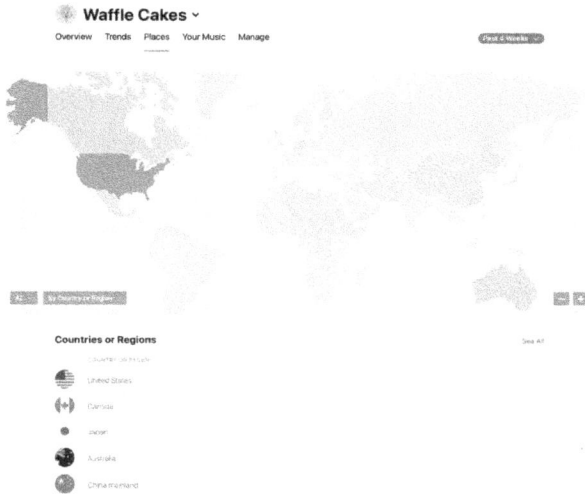

Tu música

La pestaña Tu música muestra un resumen de las reproducciones, el promedio de oyentes diarios, los Shazams, las reproducciones de radio y las compras en iTunes.

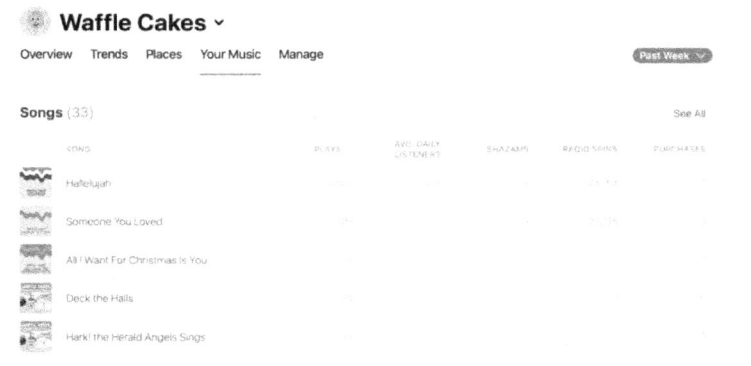

Si te han añadido a una playlist, también puedes ver el número de canciones añadidas a esa lista y el número de reproducciones recibidas a través de ella.

Playlists (2)   See All

PLAYLIST	SONGS	PLAYS ⌄
Baby Sleep Apple Music Kids & Family	1	1597
Piano Christmas Waffle Cakes	2	124

Descargar tus datos
Apple Music para artistas te permite descargar algunos de estos datos en formato CSV (valores separados por comas). Esto te permite abrir el archivo en tu programa de hojas de cálculo preferido (Microsoft Excel, Apple Numbers, Google Sheets).
Para descargar los datos, haz clic en el texto Ver todo.

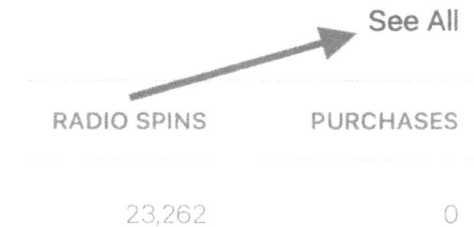

See All

RADIO SPINS   PURCHASES

23,262   0

En la siguiente pantalla, haz clic en el icono cuadrado con la flecha hacia abajo. Esto iniciará automáticamente la descarga del archivo CSV por ti.

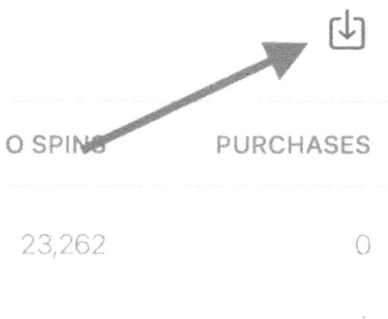

O SPINS   PURCHASES

23,262   0

Actualizar la imagen de tu perfil de artista

Puedes cambiar tu foto de perfil de artista haciendo clic en la pestaña Gestionar y, a continuación, en Cargar imagen.

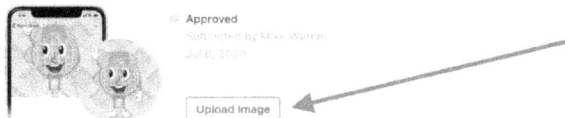

Apple es muy exigente con las imágenes de los artistas. La cara del artista debe ser visible y no puedes subir texto o un logotipo utilizado para la obra de arte. En este ejemplo, el artista es un dibujo animado, pero su cara sigue siendo claramente visible, por lo que la obra fue aceptada.

Herramientas de marketing de Apple Music

Si buscas formas únicas de compartir enlaces para tu música, como un código QR escaneable o un reproductor de música, echa un vistazo a este conjunto de herramientas de marketing de Apple Music. Si también eres afiliado de Apple, puedes incluir tu código de afiliado cuando compartas enlaces a Apple Music y ganar un poco de dinero extra compartiendo música. Muy guay, ¿eh?

Todas las herramientas que vamos a ver a continuación se pueden crear en: tools.applemediaservices.com/apple-music

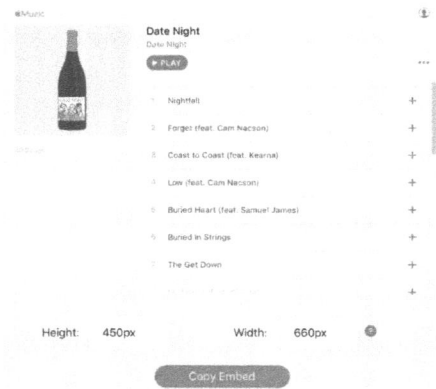

Height: 450px   Width: 660px

Copy Embed

Códigos QR de Apple Music

Los códigos QR son una forma interactiva y eficaz de llevar a más gente a un sitio web, producto o -en este caso- ¡música! Imprímelos en ropa, pegatinas para parachoques o incluso proyéctalos en pantallas.

Prueba esto. Si tienes un teléfono nuevo, abre la cámara y apunta al código QR que aparece a continuación.

Si todo va bien, verás la opción de abrir la canción en Apple Music.

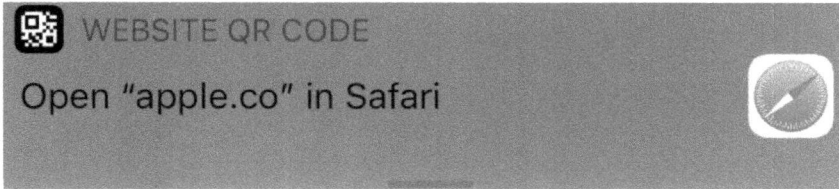

Twitter (X) Audio Card de Apple Music

Las Twitter Audio Cards son un adelanto de 30 segundos de una canción que se puede compartir dentro de un tuit. Utilizan la carátula del álbum y permiten a cualquiera escuchar un fragmento de 30 segundos de la canción sin salir de Twitter. Los suscriptores de Apple Music también pueden hacer clic en el enlace para escuchar la canción completa. Otra buena ventaja es que los afiliados de Apple pueden incluir un código de afiliado al generar estas previsualizaciones y ganar algo de dinero con las suscripciones que se produzcan.

Big Blue Sky
Date Night & Chris Robley - Big Blue Sky on Appl...
tools.applemediaservices.com

Playlists de artistas en Apple Music

Crear playlists como artista en Apple Music lleva unos cuantos pasos, pero merece la pena dar los pasos adicionales para tener una ventaja sobre la competencia.

Necesitarás acceso de administrador al artista en Apple Music para Artistas, una suscripción a Apple Music y la app Apple Music instalada en tu teléfono. En el momento de redactar este artículo, sólo puedes hacerlo a través de la app móvil.

- Haz clic en el icono Biblioteca, haz clic Editar, marca Admin, haz clic Hecho.
- Haz clic Admin, después el nombre del artista, después Nueva playlist.

Aunque actualmente las playlists no aparecerán en los resultados de búsqueda ni en los perfiles de los artistas, los enlaces se pueden compartir en las redes sociales. Tus fans podrán guardar tus playlists en su propia biblioteca, y el nombre de la playlist enlazará a los oyentes directamente con tu perfil de artista.

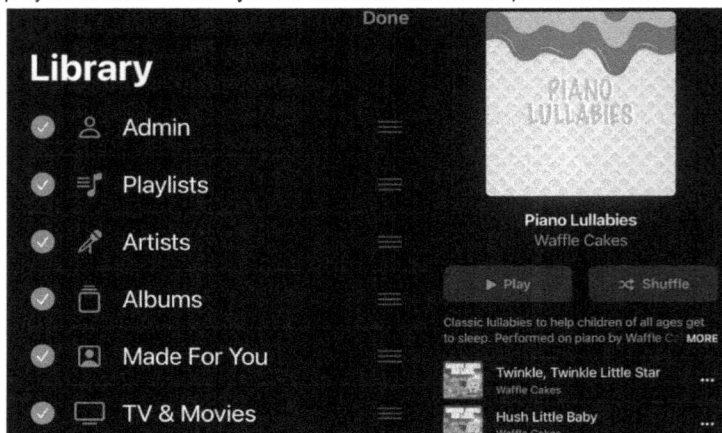

Letras en Apple Music

Añade letras a tu música para que los fans puedan encontrar tu canción mediante una búsqueda o pronunciando parte de la letra. Esto también es útil para nuevos fans potenciales que quizá sólo recuerden parte de la letra de una de tus canciones. Algunos distribuidores ofrecen una forma de enviar las letras a Apple Music y otras plataformas de streaming. También puedes enviar la letra directamente al equipo de Apple Music a través de su formulario de contacto (https://artists.apple.com/contact-us). Debería haber una opción para enviar tu letra.

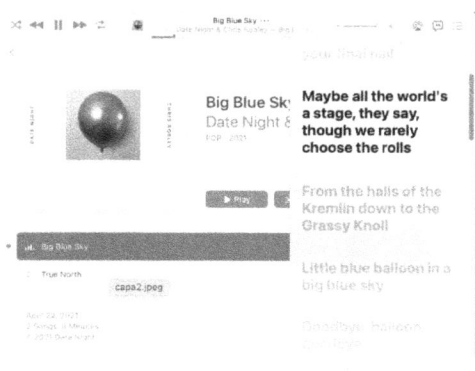

Canciones de gratificación instantánea

Las pistas de gratificación instantánea son pistas individuales que están disponibles inmediatamente como parte de un pedido anticipado de un álbum. Si compra un álbum como pedido anticipado, es posible que algunas de las pistas estén disponibles inmediatamente para descargar o escuchar en streaming, antes de que el álbum esté disponible.

Los artistas pueden solicitar a su discográfica o distribuidor que las canciones de un próximo álbum estén disponibles como Pistas de Gratificación Instantánea. Actualmente, esto sólo puede hacerse para iTunes/Apple Music, Amazon y Deezer.

¿Quieres incentivar a tus fans para que pidan tu álbum por adelantado? Puedes establecer hasta un 49% del número total de pistas como pistas de gratificación instantánea (por ejemplo, un máximo de 5 de un álbum de 12 pistas).

En el ejemplo anterior, puede ver que cuatro temas del próximo álbum están disponibles para su compra y descarga inmediata. Estas canciones pueden comprarse por separado. Si alguien hace un pedido anticipado del álbum, también obtendrá esas cuatro canciones al instante.

Además, al poner las canciones a disposición de Instant Gratification en iTunes, también estarán disponibles para su reproducción en Apple Music, como se muestra a continuación.

DEEZER

Deezer para Creadores

Deezer está disponible en más de 180 países y es uno de los primeros DSP importantes en muchos de estos países. Esto significa que en muchos de estos países, como Francia, hay más suscriptores de Deezer que de Spotify o Apple Music.

Deezer para creadores se lanzó a mediados de 2020 y está disponible para artistas, managers y sellos.

Si tu solicitud no recibe respuesta al cabo de unas semanas, puedes dirigirte educadamente a @DeezerHelp en Twitter. Yo esperé tres semanas antes de tuitear para pedirles que revisaran mi solicitud. Ten en cuenta que te pedirán el nombre del artista, quién solicitó el acceso (artista, manager o discográfica) y la dirección de correo electrónico introducida en el formulario. Lo hice y en dos días tenía acceso para varios artistas.

Destacar perfil de artista en Deezer

Deezer te permite destacar una canción, álbum o playlist en tu página de artista. Es similar a la opción "Artists Pick" de Spotify.

Ve a la página Edición del artista en Deezer para creadores. En la sección de destacados, utiliza la función de búsqueda para encontrar el contenido (canción, álbum o playlist) que deseas destacar.

CONSEJO: PARA FACILITAR LA BÚSQUEDA, UTILIZA EL ID AL FINAL DE LA URL DE DEEZER. (POR EJEMPLO, SI LA URL DE DEEZER DE UNA PISTA ES HTTPS://WWW.DEEZER.COM/TRACK/ 1143579692) COPIA SÓLO LOS NÚMEROS. 1143579692 ES EL ID DE LA PISTA DE DEEZER. PUEDES PEGARLO EN EL CUADRO DE BÚSQUEDA PARA ENCONTRAR EL RESULTADO EXACTO.

Seleccione el país en el que desea que sea visible el contenido destacado. Para mostrarlo a todos tus seguidores, selecciona En todo el mundo.

Elige cuánto tiempo quieres que el contenido aparezca destacado en tu página.

Playlists de artistas en Deezer

Puedes incluir hasta dos playlists en tu perfil de artista Deezer.

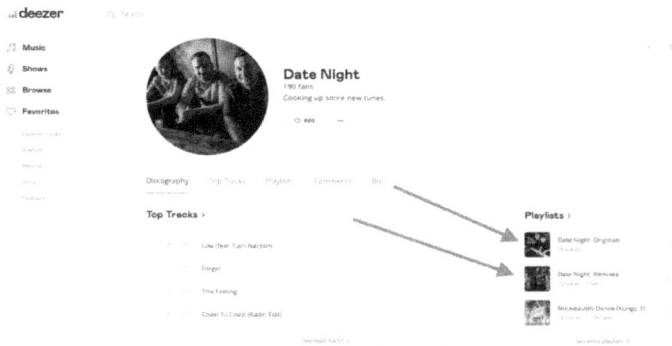

Para ello, primero tendrás que crear dos playlists como usuario en Deezer (conectado a la aplicación como oyente). Puedes actualizar estas playlists con música nueva en cualquier momento. Una vez que hayas creado tus playlists sigue estos pasos:

- Envía un correo electrónico a support@deezer.com con el asunto "Actualización del perfil del artista: Nombre del artista".
- Incluye dos enlaces a las playlists que hayas creado. Éstas se añadirán a tu perfil de artista como playlists de artista.
- Deezer también requiere la URL de tu perfil de artista y tu nombre de usuario Deezer en el correo electrónico.

Widget web en Deezer
El widget web integrable de Deezer está disponible en todo el mundo. Aunque Deezer no esté disponible en tu país, puedes crear un widget.
Puedes incrustar un álbum, playlist, pista, artista, podcast o episodio de podcast. El widget puede incluirse en sitios web de artistas, artículos, blogs y posts. Puedes crear un widget en widget.deezer.com, o si utilizas Deezer en la web, haz clic en el menú Compartir.

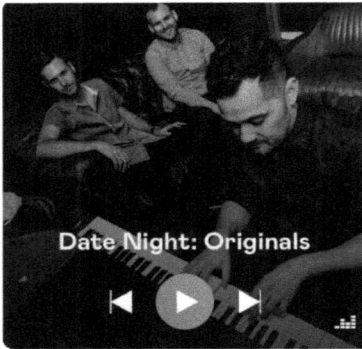

	Big Blue Sky
	Date Night
	Nightfall
	Date Night
	Forget (feat. Cam Nacson)
	Date Night
	Coast To Coast (feat. Kearna)
	Date Night
	Low (feat. Cam Nacson)
	Date Night
	Buried Heart (feat. Samuel James)
	Date Night

CONSEJO: CREA UNA PÁGINA DE DESTINO DEDICADA A CADA PLATAFORMA DE STREAMING EN TU SITIO DE WEB. ESTO TE PERMITIRÁ INCLUIR ENLACES DIRECTOS A TU MÚSICA Y LISTAS DE REPRODUCCIÓN EN ESA DSP ESPECÍFICA.

AMAZON MUSIC

Amazon Music para artistas

Amazon Music se está convirtiendo rápidamente en una plataforma importante en el mundo del streaming musical. Los artistas pueden acceder a sus perfiles, algunas herramientas útiles para vender merchandising e incluso integraciones con Twitch. Amazon Music para Artistas se lanzó en 2020 y está disponible en la web en artists.amazon.com y como aplicación móvil para dispositivos iOS y Android.

Necesitarás una cuenta de Amazon para poder iniciar sesión y reclamar tu perfil. Crear una cuenta de Amazon es gratis y puede utilizarse para iniciar sesión en varios productos de Amazon, incluido Twitch.

Una vez iniciada la sesión, puedes solicitar acceso en la pantalla principal. Aparecerá un formulario en el que deberás añadir toda la información que puedas para demostrar que eres el artista o que deberías tener acceso a ese artista (por ejemplo, que eres mánager, discográfica o distribuidor del artista).

Para obtener un acceso más rápido, puedes iniciar sesión con tus credenciales de distribuidor si distribuyes tu música a Amazon Music mediante CD Baby, DistroKid o TuneCore. Esta es la forma más rápida conocida de obtener acceso y saltarse cualquier periodo de espera mientras alguien en Amazon verifica tu solicitud.

Perfil de artista de Amazon Music

Puedes subir una foto de perfil y una foto de portada en Amazon Music para Artistas. Para ello, ve a la pantalla Perfil y herramientas en artists.amazon.com o haz clic en el icono de persona en la aplicación de tu teléfono.

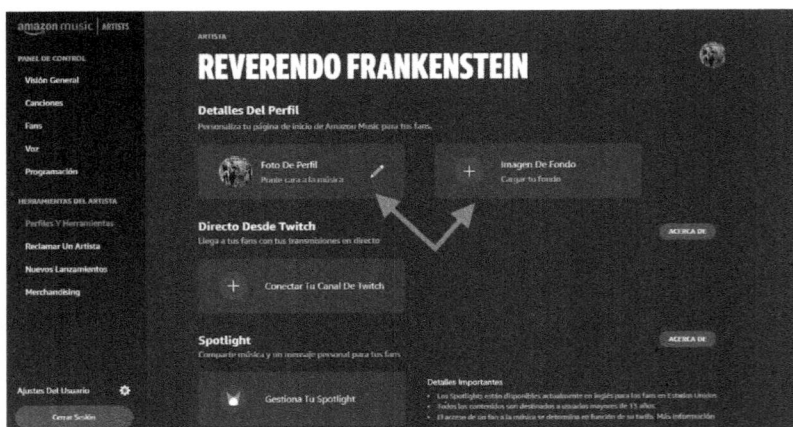

Estas imágenes tendrán que cumplir ciertas directrices, que puedes ver en la aplicación, para asegurarte de que tus imágenes serán aceptadas.

Actualmente no se conoce ninguna forma de añadir una biografía al perfil de un artista en Amazon Music.

Vinculación de Amazon Music y Twitch

Puedes vincular tu cuenta de Twitch a tu perfil de artista de Amazon Music. Esto permite a los usuarios de Amazon Music ver tus retransmisiones en directo de Twitch directamente en la aplicación de Twitch o Amazon Music (en tu perfil de artista). También notifica a todos tus seguidores cuando emites en directo.

Para configurarlo, inicia sesión en la aplicación Amazon Music para artistas y haz clic en el icono de perfil (esquina inferior derecha en la aplicación móvil) o haz clic en Perfil y herramientas en el sitio web de Amazon Music para artistas. Desde aquí, puedes conectar tu canal de Twitch.

Los artistas también pueden abrirse camino hasta convertirse en afiliados de Twitch, lo que permite a los fans suscribirse a su canal y enviar consejos conocidos como "Bits".

Los usuarios de Twitch Prime tienen incluida una suscripción mensual

y pueden utilizarla para suscribirse a cualquier canal de Twitch y apoyar directamente al artista.

Productos de Amazon Music

Los artistas ya pueden crear su propia página de merchandising en Amazon y vincularla a su página de artista de Amazon Music. Mira estos ejemplos de Taylor Swift, Mary J. Blige y AC/DC.

amazon.com/acdc

amazon.com/maryjblige

amazon.com/taylorswift

Toda la información actualizada, los formularios de solicitud y las integraciones se encuentran en https://artists.amazonmusic.com/merch.

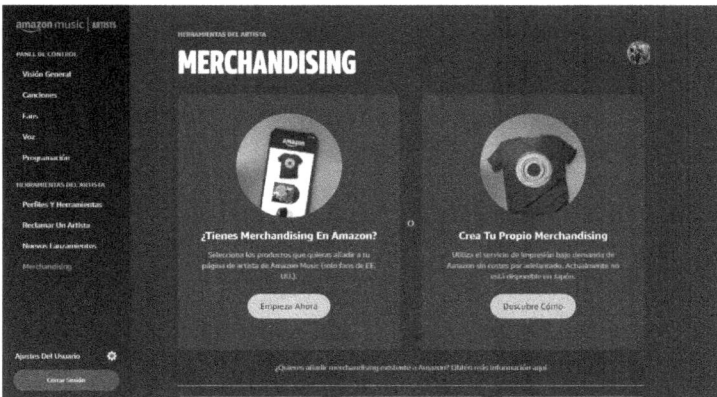

Playlist editorial de Amazon Music

Amazon Music permite a los artistas presentar un próximo lanzamiento directamente desde la aplicación Amazon Music para artistas. Esto también te permite presentar una canción que haya sido lanzada en las últimas dos semanas.

Tómate tu tiempo para añadir tantos detalles como sea posible al rellenar los formularios de presentación, ya que estás dando a tu música oportunidades más allá de los anuncios de la playlist editorial, el equipo de Amazon dio a entender que esto también podría conducir a la programación de radio y otras características dentro de Amazon Music.

¿No estás suscrito a Amazon Music? Puedes ir a music.amazon.com en la mayoría de los navegadores web (captura de pantalla de Google Chrome a continuación), sin necesidad de iniciar sesión. Puedes buscar en la biblioteca de música y copiar enlaces compartidos a canciones, álbumes, artistas, podcasts y vídeos musicales.

Etiquetas de Amazon Music en las redes sociales

Etiqueta a las cuentas de Amazon pertinentes en cada publicación en las redes sociales. Amazon Music es uno de los DSP más recientes, por lo que tienden a ser más receptivos en las redes sociales. Etiqueta a estas cuentas en tus publicaciones y puede que respondan.

Facebook: AmazonMusic (mundial)

Twitter: @AmazonMusic, @AmazonMusicUK, @AmazonMu sicJP, @AmazonMusicMX, @AmazonMusicIN

Instagram: @AmazonMusic, @amazonmusices, @AmazonMusicUK, @AmazonMusicDE, @AmazonMusicJP, @AmazonMusicMX, @AmazonMusicBR, @AmazonPrimeMusicIN

Amazon Music también ha empezado a crear cuentas en redes sociales para géneros específicos. Si creas música Hip-Hop, R&B o Deutchrap alemán, también deberías etiquetar estos handles en tus publicaciones.

Manejadores de género: @rotation (Hip-Hop y R&B) y @auf_level (Deutchrap alemán)

Amazon Music sugiere etiquetar @AmazonMusic en lugar de usar #AmazonMusic - esto se menciona claramente en su documentación online. También dicen que etiquetarlos en tus publicaciones "nos facilita encontrar, interactuar y compartir tus publicaciones con nuestros seguidores".

Alexa - Amazon Music

Haz que tus seguidores te soliciten directamente desde su dispositivo Alexa. El equipo de Amazon Music presta mucha atención al número de solicitudes de un artista a través de Alexa. Las solicitudes se pueden hacer a Alexa utilizando el nombre del artista, el nombre del álbum, el título de la canción o cantando parte de la letra de la canción.

Los artistas también pueden ver cuántas personas han solicitado su música por canción, álbum, artista o cantando o diciendo parte de la letra. Esto se puede encontrar en Amazon Music para Artistas.

CONSEJO: AÑADE LAS LETRAS DE TUS CANCIONES A AMAZON A TRAVÉS DE LYRICFIND O MUSIXMATCH, YA QUE ES POSIBLE QUE LOS FANS NO CONOZCAN EL TÍTULO DE TU CANCIÓN PERO PUEDAN DECIR (O CANTAR) LA LETRA A ALEXA.

Haz que tus fans te sigan en su dispositivo Alexa para recibir notificaciones cuando lances nueva música. Los fans solo tienen que decir "Alexa, sigue a ARTIST NAME en Amazon Music". Si tienes un nombre de artista difícil de pronunciar, puedes enseñar a tus fans a pronunciarlo correctamente en vídeos en las redes sociales. También puedes hablar directamente con tu discográfica o distribuidor e informarles de la pronunciación correcta de tu nombre de artista, y ellos pueden hacer llegar esa información a Amazon por ti.

CONSEJO: CON VARIOS DSPS COMPATIBLES CON VOZ, TAMBIÉN PUEDES REALIZAR SOLICITUDES A TRAVÉS DE ALEXA PARA SEGUIR OTROS SERVICIOS (POR EJEMPLO, "ALEXA SEGUIR NOMBRE DE ARTISTA EN SPOTIFY"). SIEMPRE QUE HAYAS VINCULADO ESE DSP EN TU DISPOSITIVO COMPATIBLE CON ALEXA, PODRÁS REALIZAR ESTA SOLICITUD.

YOUTUBE MUSIC

Canales oficiales de artistas en YouTube

Como artista, es muy probable que parte de tu música ya esté en YouTube de una forma u otra. Puede que hayas subido alguna grabación en directo, o que tu distribuidor la haya añadido a uno de esos canales "nombre de tu grupo - tema". Ahora hay una forma de fusionar todos estos vídeos de varios canales en un canal oficial de artista.

Ahora bien, antes de que digas "Ya he mirado esto antes y era demasiado difícil porque no tenía ____", detente ahí. Las cosas han cambiado.

Antes necesitabas tres vídeos musicales enviados a YouTube a través de un distribuidor para poder reclamar tu canal oficial de artista, pero ahora el requisito son tres lanzamientos enviados a través de un distribuidor. Esto significa que ¡incluso los lanzamientos de audio cuentan!

Según artists.youtube.com, ahora todos los artistas pueden reclamar un OAC (Canal Oficial del Artista). YouTube lanzó los OAC en 2018, permitiendo a los artistas fusionar varios canales de YouTube en un canal oficial. Si tienes canciones subidas por un sello discográfico en un canal o canciones subidas por VEVO o tu distribuidor (también conocidos como canales temáticos), ahora se fusionarán en un canal oficial de artista.

Los Canales Oficiales de Artistas se pueden reconocer porque habrá una nota musical después del nombre del artista, como se muestra a continuación.

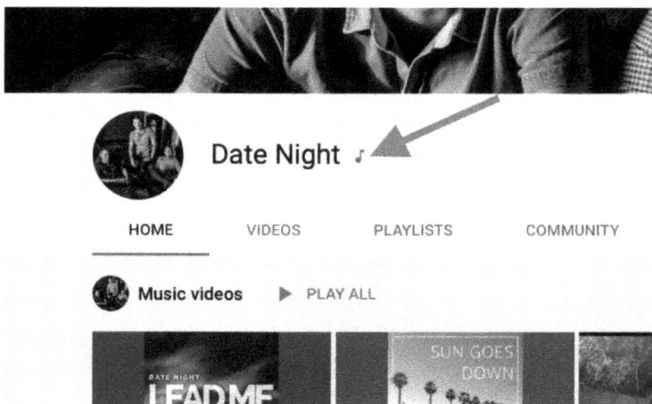

Los OAC tendrán una playlist llamada Vídeos musicales que incluirá todas las canciones que se hayan distribuido a YouTube. Éstas ya no aparecerán en los canales de Nombre del Artista (Tema) y se añadirán automáticamente a esta playlist en el Canal Oficial del Artista en YouTube.

Esto es lo que debes saber sobre los OAC de YouTube

Contenido organizado: El diseño del canal organiza automáticamente tu discografía en una sección de álbumes y tus vídeos musicales oficiales en nuevas playlists. Para garantizar una experiencia coherente de los fans en todo YouTube, no puedes editar estas playlists. Sin embargo, puedes colocar una sección separada encima de tus secciones bloqueadas de vídeos y álbumes para promocionar lo que quieras.

Descubribilidad en la búsqueda: Cuando tus fans te busquen en YouTube, serán enlazados directamente a tu OAC desde tu tarjeta de seguimiento en la parte derecha de la pantalla.

Contenido promocional: Elige lo que quieres destacar en el estante promocional dedicado y en el espacio para vídeos destacados.

Participación de los fans: Un canal verificado y unificado en el que puedes llegar directamente a tus fans e interactuar con ellos en YouTube.

Estas notas se han tomado de este artículo de soporte de la página de soporte de YouTube:

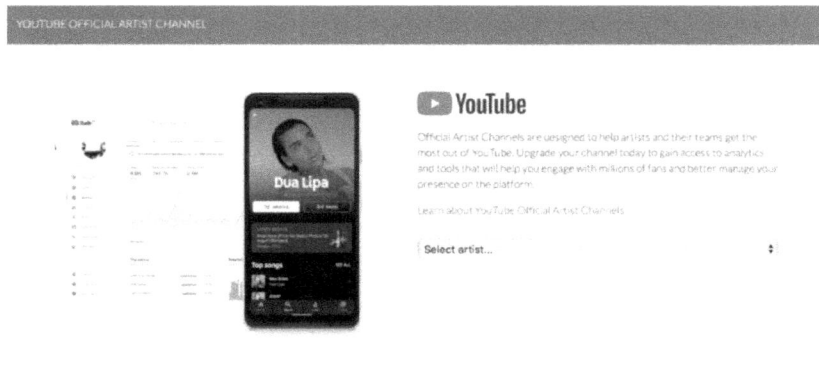

El último artículo de apoyo a los artistas de YouTube afirma: "Si trabajas con una discográfica, un distribuidor digital o tienes un mánager asociado, ponte en contacto con ellos para conseguir un Canal Oficial del Artista". Sin embargo, no se proporciona ningún formulario o enlace, y no se menciona qué distribuidores digitales pueden gestionar solicitudes de Canal Oficial del Artista.

Así que los artistas que han firmado con una discográfica o tienen un mánager asociado para YouTube están preparados, pero ¿qué pasa con los artistas independientes? He investigado un poco y he recopilado una lista de distribuidores digitales que pueden ayudar:

CD Baby - Disponible en la sección de herramientas.

DistroKid - En el menú de configuración, desplázate hacia abajo y haz clic en el enlace Canal Oficial del Artista de YouTube. Si ya has iniciado sesión en tu cuenta de DistroKid, ve directamente a distrokid.com/YouTubeOfficialArtistChannels.

Una vez que hayas reclamado tu canal, recibirás un correo electrónico de confirmación de YouTube con nuevas formas de conectar con tus fans mediante Community Posts, Mobile Live, Tickets y Comment Hearts.

YouTube Analytics para artistas

Los artistas de YouTube por fin tienen acceso a más datos e información. YouTube ha anunciado por fin su esperado producto de análisis para artistas. Sin pasar por ninguna versión beta, ya está disponible el "Nuevo análisis de YouTube para artistas". Sí, la palabra "nuevo" forma parte del título. Está disponible para todos los artistas con OAC.

Aquí está el anuncio de studio.youtube.com:

Ya está aquí el nuevo Análisis para Artistas, que ofrece a los artistas la visión más exhaustiva y completa de su audiencia, alcance global y rendimiento en YouTube. Visita https://studio.youtube.com para comprobarlo. Analytics para Artistas estará disponible para todos los Canales Oficiales de Artistas, y proporcionará acceso a un conjunto único de funciones que dotarán a los artistas y a sus equipos de los conocimientos que necesitan para hacer los planes de lanzamiento más informados y estratégicos. Además de en el escritorio, ahora los artistas pueden acceder fácilmente a estos nuevos conocimientos en la aplicación YouTube Studio Mobile, lo que les permite obtener actualizaciones de datos y notificaciones, en tiempo real, tanto si están de viaje como en el estudio.

Los artistas con un Canal Oficial de Artista pueden ver sus estadísticas en studio.youtube.com o a través de la aplicación YouTube Studio.

Descargue la aplicación YouTube Studio para Android desde Google Play en dispositivos con Android 4.5 y versiones posteriores.

Descargue la aplicación YouTube Studio para iOS desde App Store en iPhones y iPads con iOS 11 y versiones posteriores.

Imagen del artista en YouTube

Studio.youtube.com permite a los artistas con un OAC añadir una biografía, fotos y crear playlists de artistas en su perfil. Las fotos subidas pueden verse en la búsqueda de YouTube, en YouTube Charts, en la aplicación YouTube Music, en las playlists y en los banners.

YouTube le pedirá que suba la misma imagen dos veces en diferentes dimensiones. Una de las imágenes se utilizará en YouTube, mientras que la otra se utilizará en la aplicación YouTube Music.

1. Vaya a studio.youtube.com
2. A la izquierda, haga clic en Perfil
3. Introduzca su nombre y biografía.
4. Elija una foto de alta calidad.
5. Utilizando el icono del lápiz, añada una foto de perfil cuadrada y una foto de perfil rectangular.

Biografía del artista en YouTube

De nuevo, esto se hace iniciando sesión en studio.youtube.com. Una vez aceptada, su biografía podrá verse en la búsqueda de YouTube, en su canal y en la aplicación YouTube Music.

Para actualizar su biografía, seleccione cualquier parte del cuadro Biografía, introduzca su biografía y seleccione "Guardar biografía". Asegúrese de seguir estas directrices para que YouTube no la elimine:

1. Manténgala por debajo de 1500 caracteres. Después de 150 caracteres, YouTube Music la trunca y coloca el resto de la biografía detrás de un enlace "Más".
2. Asegúrese de que el contenido cumple sus Directrices comunitarias.
3. Mantenga su biografía actualizada. Promocionar un próximo álbum o un nuevo lanzamiento en su biografía puede quedar desfasado rápidamente.

Publicaciones de la comunidad de YouTube y participación de los fans

Los OAC de YouTube también tienen acceso a una nueva función. En la pestaña Comunidad, los artistas pueden crear publicaciones con texto, imágenes, GIF, playlists, vídeos y encuestas. Incluso pueden etiquetar otros canales en sus posts utilizando @ seguido del nombre del canal. Estas publicaciones también pueden programarse para una fecha posterior.

Además de gustar y no gustar a los comentarios de sus vídeos, también puede "poner corazón" a los comentarios. Sus seguidores pueden ver cuando usted "valora" sus comentarios. Esto les permite volver a participar, ya que reciben una notificación cuando usted lo hace.

Guía de YouTube para artistas

Esta guía ha sido aportada por un buen amigo que ha querido permanecer en el anonimato.

Buenas prácticas para la optimización de vídeos en YouTube:
Los artistas tienen un malentendido fundamental de lo que es el producto principal de YouTube. No es un servicio de alojamiento de vídeo/audio. Es un motor de recomendación de contenidos.

La clave del crecimiento de YouTube como plataforma y de su valor para los artistas es su algoritmo de recomendación de "vídeos sugeridos". Los artistas que ya utilizan la plataforma para descubrir música y quieren sacar el máximo partido del algoritmo de recomendación de YouTube y aprovechar su enorme audiencia mundial de usuarios activos deben optimizar al máximo sus contenidos en YouTube junto con sus canales. Esto proporciona al algoritmo la información correcta que necesita para servir sus contenidos a nuevas audiencias en YouTube.

El algoritmo de YouTube explicado (rápidamente):
El motor de recomendación de YouTube sirve los contenidos utilizando su métrica estrella del norte: el tiempo de visionado por impresión. Esto significa que cuanto más tiempo pueda retener un espectador su vídeo, repercutiendo en el tiempo de visionado, más probable será que el algoritmo de YT recomiende su contenido a nuevas audiencias. Para YouTube, una pieza de contenido atractiva de 15 minutos de duración tiene más alcance potencial a largo plazo que un vídeo musical de 3 minutos de duración, por lo que su estrategia de contenidos de vídeo de larga duración y su estrategia para YouTube deben ser una misma cosa.

Tras el lanzamiento, el 80% de las visualizaciones de un vídeo se producirán en los 10 primeros días (a menos que se reinserte en el algoritmo de recomendación). Los suscriptores/espectadores anteriores reciben un nuevo vídeo en las primeras 48 horas y YouTube seguirá mostrando el vídeo en la página de inicio/sección de navegación durante

los 10 días siguientes antes de que las sugerencias a más largo plazo tomen el relevo a partir de la marca de las 3-6 semanas (¡si ha satisfecho al algoritmo!).

Las primeras 48 horas a 10 días de vida de un vídeo son cruciales para su viabilidad a largo plazo en YouTube, por lo que merece la pena maximizar su impacto en el lanzamiento asegurándose de que su contenido está correctamente optimizado para YouTube.

La optimización de los metadatos del vídeo
Mejora los resultados de búsqueda y las recomendaciones de YouTube a lo largo del tiempo, por lo que las visitas siguen llegando de forma incremental tras el lanzamiento.
Optimizaciones de vídeo para YouTube:
NOTA: Estas optimizaciones de vídeo son sólo para cargas OAC y no se aplican a los productos de YouTube Audio entregados a YouTube a través de un distribuidor.

Cómo optimizar el título de sus vídeos:

El título de un vídeo YT se compone de 2 partes. La Información (nombre del artista, palabras clave del contenido) y El Gancho (lo que sucede, impulsado por la emoción, tease del contenido).

Los títulos de los vídeos son uno de los índices más importantes de YouTube para la búsqueda, por lo que debe asegurarse siempre de incluir sus palabras clave fundamentales cuando sean relevantes:

- "Official Music Video" para vídeos musicales - "Live" para actuaciones en directo
- "Artista/Pista" para versiones
- "Acústico" para interpretaciones acústicas, etc.
- "Lugar" si es relevante para la pieza de contenido (por ejemplo, "En directo en el Wembley Arena")
- "Año" si un vídeo es actual o lo suficientemente antiguo como para ser nostálgico.

También querrá mantener una estructura coherente con los títulos y la puntuación, por ejemplo Nombre del artista - Nombre de la pista (<palabra clave>).

Thumbnails de YouTube:

Thumbnails son la característica más importante de un vídeo de YT, ya que actúa como la ventana frontal para cualquier espectador potencial que pueda estar decidiendo si ver o no su vídeo. Este es también el tema más difícil para las optimizaciones sugeridas en general, ya que todas las sugerencias son muy caso por caso.

Su apuesta más segura es elegir una captura de pantalla atractiva/que llame la atención dentro del vídeo. Normalmente se trata de un primer plano bien iluminado de la cara del artista/con contacto visual y una emoción transmitida.

La miniatura debe ser atractiva y debe haber sinergia entre el título y la miniatura.

Inferno - Tell Me Bout It
(Official Music Video)

7.9K views · 1 year ago · 98%

INFERNO - My Way (Official Music Video)

3.5K views · 1 year ago · 97%

Seguimiento de la estructura de la "meta descripción":

La meta descripción de un vídeo es el texto rico en palabras clave que YouTube indexa para los resultados de búsqueda. Querrá incluir la mayor cantidad de texto/palabras clave relevantes como sea posible sin hacer spam.

Aquí tiene un buen ejemplo de plantilla de descripción de vídeo, tomado de un vídeo de un artista bien optimizado en YouTube.
- La primera línea de la meta descripción de un vídeo debe reflejar directamente el título del vídeo.
- Cualquier copia añadida para el contexto, etc.
- Enlaces a cualquier sitio de streaming, social o de ventas.
Letra de la canción - La letra de la canción debe ir en la descripción del vídeo por si los oyentes buscan la letra en YouTube sin conocer el nombre de la canción.
- Biografía del artista - Texto específico del artista, rico en palabras clave, en la parte inferior de la meta descripción.

Palabras clave de vídeo
Aproveche los 500 caracteres disponibles al añadir etiquetas y tenga en cuenta que las palabras clave SEO para músicos son de marca y específicas. Lo que busca es alinear las palabras clave de su vídeo con términos específicos que los usuarios ya buscan en Google cuando le buscan a usted. (Por ejemplo: " <nombre de la canción> Letra", "<nombre del artista> En directo", "<nombre del artista> Acústico", etc.). Esto requerirá cierta investigación de palabras clave por su parte.
Una plantilla general para las palabras clave de YouTube sería la siguiente: Específicas del grupo, específicas de la canción, otras canciones de ese artista que hayan tenido un mayor éxito, letras, nombres de los miembros del grupo, específicas del vídeo (por ejemplo, en directo/acústico/año de grabación, etc.).
Vea a continuación las palabras clave bien optimizadas de nuestro vídeo.

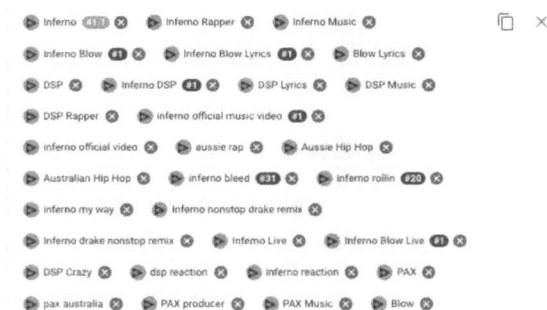

Pantallas finales de vídeo

Pantallas finales de vídeo: Una plantilla de pantalla final estandarizada en todos los vídeos es imprescindible, ya que crea sesiones de visionado prolongadas para los oyentes que terminan sus vídeos. Los espectadores que terminan un vídeo están buscando el siguiente contenido que ver, por lo que debe asegurarse de proporcionarle con una pantalla final.

Una buena plantilla incluye los 3 elementos siguientes: Un botón de suscripción al canal, un enlace a la playlist oficial de vídeos musicales de YT y la sugerencia algorítmica "Mejor para el público" que YouTube extrae del canal de un artista. Vea a continuación un ejemplo.

TIDAL

www.tidal.com

Tidal es un servicio de streaming de música por suscripción que cuenta con una amplia biblioteca de decenas de millones de canciones, incluidas pistas exclusivas. Además de su vasta colección de música, Tidal ofrece una amplia gama de contenidos, como podcasts, vídeos musicales, grabaciones de conciertos en directo y listas de reproducción cuidadosamente seleccionadas por profesionales del sector.

Tidal "Artist Home"

Tidal ha introducido recientemente un nuevo recurso llamado "Artist Home" (www.artists.tidal.com/login) cuyo objetivo es apoyar a los artistas en sus esfuerzos artísticos. Con Artist Home, Tidal pretende proporcionar a los artistas los medios para centrarse en su arte ofreciéndoles diversas funciones y recursos. Los artistas podrán gestionar cómo aparece su perfil de Tidal ante los fans, y también tendrán acceso a los últimos productos y recursos que Tidal está desarrollando específicamente para los artistas. La plataforma está diseñada para empoderar a los artistas, otorgándoles el control directo sobre el contenido que los fans encuentran cuando visitan su perfil de Tidal. Al proporcionar acceso de edición de autoservicio a su contenido, los artistas pueden modificar fácil y rápidamente el contenido destacado, lo que es especialmente crucial cuando se preparan para nuevos lanzamientos y campañas.

PANDORA

Con Pandora, puedes crear emisoras de radio personalizadas adaptadas a tus artistas o canciones favoritos. Una vez seleccionada una canción o artista, el algoritmo inteligente de Pandora elabora una lista de reproducción con canciones que poseen cualidades y características similares.

Como filial de Sirius/XM Holdings, Pandora emplea un concepto único llamado "genomas musicales" para identificar cualidades compartidas. Estos genomas engloban etiquetas descriptivas como folk, voz femenina, batería potente y otros atributos reconocibles que facilitan la conexión entre una pieza musical y otras que presentan rasgos similares.

Actualmente, Pandora sólo está disponible para los oyentes de Estados Unidos, pero nada impide que artistas de todo el mundo tengan presencia en la plataforma.

Pandora proporciona una serie de herramientas extremadamente útiles para que los artistas promocionen su música y conecten con sus fans. Todas ellas están disponibles a través de su Plataforma de Marketing para Artistas (AMP) ubicada en amp.pandora.com

Si no puedes reclamar tu cuenta AMP, puedes enviar un correo electrónico al equipo de asistencia de Pandora a amp-support@pandora.com.

Herramienta de envío a Pandora

Distribuir tu música a Pandora es sólo la mitad del trabajo. Pandora es una colección de música seleccionada por humanos. Para que tu música esté disponible en todos los servicios de Pandora, tienes que rellenar un breve formulario.

Pandora tiene una herramienta de envío de artistas independientes que permite que tu música sea revisada y considerada por Pandora para incluirla en la programación de sus emisoras de radio. Para utilizarla, primero necesitarás esa cuenta AMP.

Los artistas independientes pueden utilizar un distribuidor como CD Baby o DistroKid para poner su música en Pandora. Una vez distribuida la música, los artistas pueden enviarla a amp.pandora.com/submit.

Puedes encontrar un lanzamiento para enviarlo utilizando su UPC o buscando por el nombre de la canción. Si vas a presentar un álbum, elige una canción favorita para someterla a consideración.

A continuación, selecciona un género y escribe una descripción de 4.000 caracteres o menos. Actualmente no existe la opción de etiquetar estados de ánimo o palabras clave en el envío de la canción.

Una vez aprobado el envío, se analizará en el Music Genome Project® y estará disponible en todas las plataformas Pandora.

Pistas destacadas de Pandora

Pandora te permite destacar hasta seis canciones al año. Las canciones destacadas aumentarán el número de reproducciones en las emisoras de radio de Pandora, en un esfuerzo por obtener comentarios de la audiencia. Los oyentes pueden votar con un pulgar hacia arriba o hacia abajo cuando escuchen tu canción destacada.

Además, puedes hacerlo con cualquier canción que se haya publicado en los últimos 12 meses. La canción deberá tener al menos 10 visitas en los últimos 7 días para ser elegible. Consejo profesional: Esas 10 visitas pueden proceder de la misma persona. Entre nosotros, claro.

El formulario de selección es muy breve y no hay proceso de revisión. La canción simplemente aparecerá en el intervalo de fechas que especifiques. Un uso inteligente que he visto de esta función es seleccionar una canción navideña que salió hace 11 meses para que aparezca como preludio de las fiestas del año en curso. De este modo, puedes dar a una canción otra oportunidad de ser escuchada, especialmente si gira en torno a una época del año concreta, como las vacaciones.

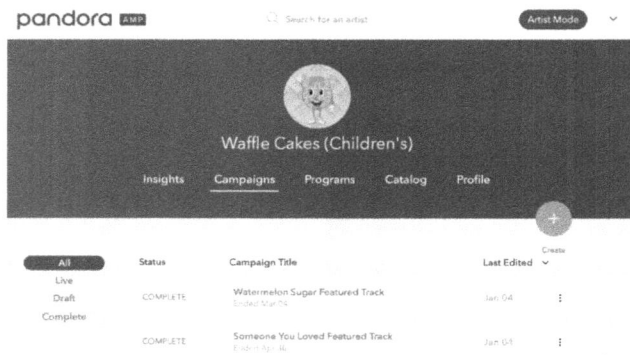

Stories de Pandora

Las "Historias" de Pandora son playlists y mixtapes (también conocidas como "Estaciones") elaboradas por artistas y compuestas por temas musicales y cómicos de la biblioteca de Pandora. Cualquiera puede crearlas, no sólo los artistas. Incluso puedes grabar tus propias pistas de voz que se pueden adjuntar a canciones específicas o configurar para que se reproduzcan entre pistas en orden secuencial.

Esta es una gran oportunidad para compartir algunas historias entre bastidores, mensajes de fans o recordatorios promocionales sobre tu música. Puedes solicitar acceso para crear Historias en: www.ampplaybook.com/pandora-stories-signup

Mensajes de audio del artista de Pandora

Los Mensajes de Audio del Artista (AAM) son breves notas de audio de 15 segundos dirigidas a tus fans. Se pueden utilizar para promocionar lanzamientos, fechas de giras, dar las gracias o introducir/extraer una canción.

Estos mensajes también muestran una foto y una CTA (llamada a la acción). Puede ser un "toca aquí para comprar entradas" en el texto o un "toca el enlace en tu pantalla para escuchar ahora" insertado en el audio.

Los AAM pueden durar hasta un año una vez en directo. También puedes configurar estos mensajes para que sólo se reproduzcan para los oyentes en lugares específicos. Esto es especialmente útil si estás promocionando una gira en la que puede que sólo actúes en 5 ciudades. Puedes dirigir tu mensaje a los oyentes de esas ciudades.

AMPcast te permite grabar y subir mensajes desde tu teléfono dentro de la aplicación Pandora. Tendrás que iniciar sesión con las mismas credenciales que utilizas para Pandora AMP.

Biografías de artistas en Pandora

Por el momento, Pandora no ofrece a los artistas la posibilidad de actualizar directamente su biografía. Las biografías de los artistas están alojadas en TiVo (sí, sigue siendo la misma empresa que mencioné en la sección de Qobuz). La base de datos de TiVo también se comparte en Allmusic.com.

Para incluir tu biografía en Pandora, tendrás que enviar un correo electrónico a TiVo a content.music@tivo.com. Estos datos pueden tardar unas semanas en aparecer en Allmusic.com y después en Pandora.

Estación Pandora Fresh Cuts

El equipo de Pandora crea una emisora centrada en artistas de vanguardia que se comprometen con su plataforma de marketing para artistas (AMP) y su cuenta en las redes sociales. Esta emisora Fresh Cuts está abierta a propuestas, para lo que debes publicar un enlace a tu canción en Twitter y etiquetar a @pandoraAMP en la publicación. Asegúrate de incluir el enlace a tu canción en Pandora y no en otra plataforma de streaming. ¡Te sorprendería saber cuántas veces he visto a artistas hacer esto!

Letras en Pandora

El contenido lírico de Pandora está alojado en LyricFind. Para añadir letras y que se muestren en Pandora, tendrás que ponerte en contacto con LyricFind a través de su sitio web o de su distribuidor.

¿Buscas otra razón para añadir tus letras? Algunas personas no saben el nombre de una canción, pero pueden recordar y teclear parte de la letra. Pueden decirlas o cantarlas a su dispositivo de altavoz inteligente. Alexa, Google y Siri pueden sincronizarse con Pandora. Al añadir la letra, permites que la gente encuentre tu canción a través de palabras clave.

Informes de pistas de Pandora

Pandora proporciona información exhaustiva sobre el rendimiento de una pista, incluyendo streams, radio spins, reproducciones interactivas, adiciones a emisoras y pulgares arriba.

Todos estos datos de artistas pueden exportarse como CSV, lo que te permite importarlos al programa de hojas de cálculo que prefieras. Hay páginas de informes dedicadas a cada tema, con gráficos de líneas para las tendencias diarias y un "desglose de fuentes", que muestra en qué programas se está reproduciendo un tema.

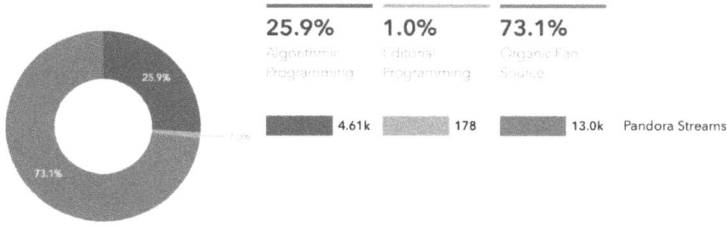

ANGHAMI

Anghami para artistas

Anghami se lanzó en 2012 como la primera plataforma legal de streaming de música y empresa de distribución digital de Oriente Medio. Anghami permite subir canciones, álbumes, podcasts y vídeos musicales directamente a su plataforma, sin pasar por un distribuidor.

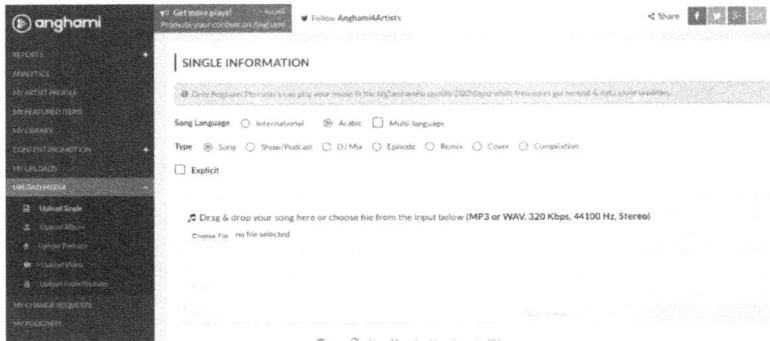

Cabe mencionar que Anghami está disponible en varios países de todo el mundo, pero actualmente no tiene acuerdos para que todos los contenidos estén disponibles en todos los países. En otras palabras, la mayor parte de la música está disponible en Anghami para los oyentes de Oriente Medio, pero puede que no aparezca en Anghami en Estados Unidos.

Una forma de comprobar si tu música está en Anghami es abrir una ventana de incógnito del navegador y buscar "Nombre del artista - Canción Anghami". Es posible que tu canción aparezca en los resultados de la búsqueda y puedas obtener la URL del artista, la canción o el álbum.

Perfil del artista Anghami

Una vez que tengas acceso y hayas iniciado sesión en tu cuenta del Dashboard, haz clic en Mi perfil de artista. En esta página puede hacer lo siguiente:

- Cargar una imagen de perfil de artista o elegir utilizar la foto de su página de Facebook.
- Actualizar el nombre del artista en inglés y árabe.
- Editar el idioma de la música (árabe o internacional) - Añadir una biografía en inglés y/o árabe.
- Añadir enlaces a Facebook y Twitter.

Haga clic en Actualizar perfil cuando haya terminado. Estos cambios no son instantáneos. El personal de Anghami los revisará y enviará un correo electrónico con la aprobación o el rechazo normalmente en unos días.

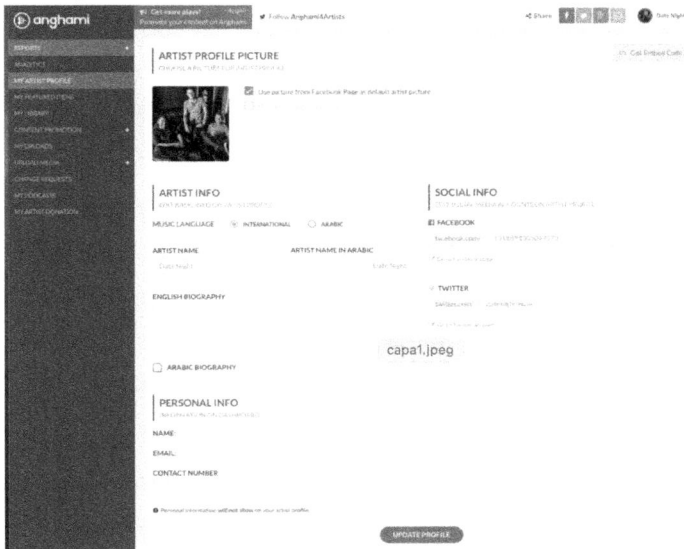

capa1.jpeg

Carga directa de música en Anghami

Como ya se ha mencionado, Anghami ofrece una oferta poco habitual que permite a los artistas subir música directamente. Esto significa que puedes prescindir de un distribuidor. Si anteriormente distribuías música a Anghami, sólo tienes que desmarcar Anghami como tienda para futuros lanzamientos musicales con tu distribuidor. Tu distribuidor seguirá encargándose de todas las demás tiendas, mientras que tú serás responsable de subir tu música a Anghami.

Si subes tú mismo tu música a Anghami, podrás obtener datos detallados basados en los ingresos con informes financieros, streams por canción y streams por país.

El formulario de carga es relativamente sencillo. Y lo que es mejor, también puedes subir canciones, álbumes, podcasts, mezclas de DJ y recopilaciones a través de este formulario.

También puedes subir vídeos, utilizando un archivo de vídeo de tu ordenador o un enlace de YouTube. Se conectarán a una canción que hayas subido previamente para que los fans puedan optar por ver el vídeo musical y los efectos visuales que lo acompañan en lugar de transmitir sólo el audio.

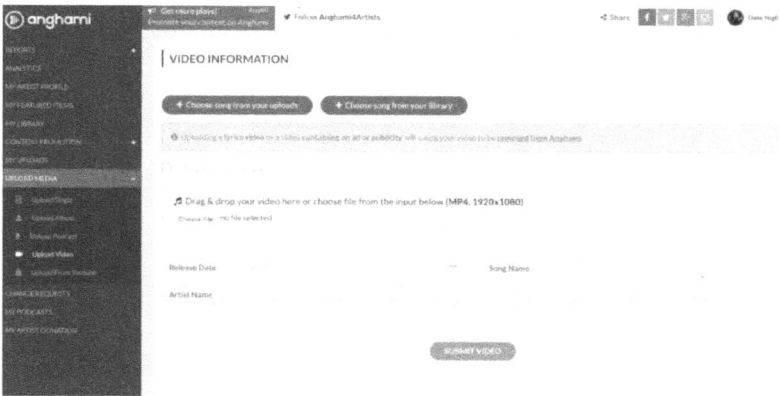

Playlists editoriales de Anghami

La aplicación móvil de Anghami para artistas muestra ahora una interesante opción que estará disponible próximamente para el lanzamiento directo de playlists. Aunque todavía no hay más detalles, es una buena razón para que los artistas se registren y soliciten acceso ahora para ser los primeros en la cola en cuanto esta función esté disponible. Ten en cuenta que cuando Spotify lanzó por primera vez su herramienta de envío de playlists editoriales, aproximadamente una de cada siete canciones se añadía a una playlist editorial como resultado. Merece la pena registrarse y ser uno de los primeros cuando esté disponible.

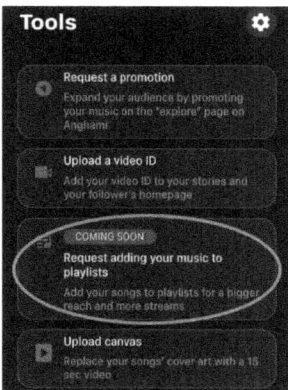

QOBUZ

Qobuz está orientado a los audiófilos, en gran parte debido a su integración con equipos de audio domésticos de gama alta. Su selección es totalmente humana y eso se nota. Las playlists son más cortas, están muy cuidadas y no temen mostrar música de artistas menos consagrados.

Las biografías de los artistas llegan a Qobuz desde TiVo (sí, la misma empresa pionera en la caja mágica de grabación de TV). La base de datos de TiVo también se comparte en Allmusic.com para obtener información biográfica. Para incluir tu biografía en Qobuz, envía un correo electrónico a TiVo a content.music@tivo.com. Ten en cuenta que estos datos pueden tardar unas semanas en aparecer en Allmusic.com y después en Qobuz.

Las reseñas de los álbumes son redactadas internamente por el equipo de Qobuz. No hay ningún proceso oficial para la presentación de la música para su consideración para la revisión en este momento.

Puedes cambiar tu foto de artista contactando a través del portal de atención al cliente https://www.qobuz.com/us-en/help/contact con un enlace a tu página de artista.

GENIUS

Genius es una comunidad de amantes de la música y artistas que comparten sus conocimientos e historias detrás de la música. Genius también ofrece letras de canciones e información adicional a varios servicios de streaming. Puedes verificarte en genius.com.

Una vez verificado, podrás compartir letras precisas, significados ocultos/historias detrás de las canciones/letras de canciones e incluso llegar a los fans que ya están anotando tu música en el sitio.

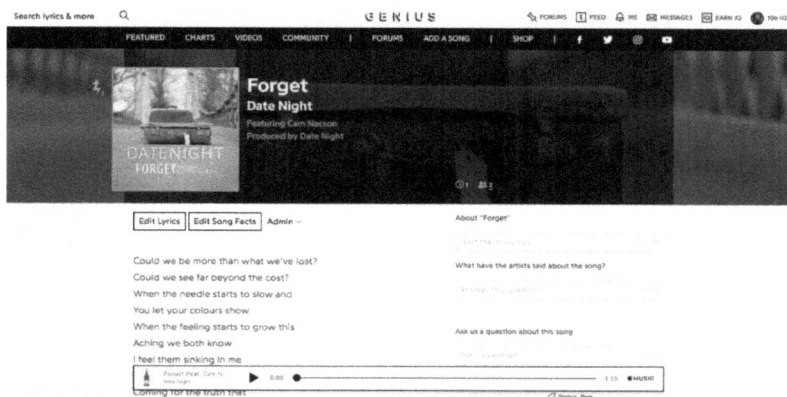

NAPSTER

Napster sólo permite subir una imagen por el momento. Para ello, rellena el formulario en https://help.napster.com/hc/en-us. Asegúrate de incluir la URL de tu página de Artista para que sepan dónde subirla. Las dimensiones de la imagen tienen que ser 1500 x 1000 y un archivo JPEG. El chat en directo del sitio web de Napster también es bastante útil.

BEATPORT

Perfiles de artistas y sellos de Beatport
Beatport empezó como una tienda de música en línea para comprar mezclas ampliadas de música para DJ. En 2019, se lanzó Beatport Link, que permitía a los DJ transmitir cualquier canción desde Beatport a equipos de DJ conectados.
Beatport permite a los artistas subir un retrato profesional a su perfil de artista. La foto debe tener al menos 590 x 404 píxeles y ser una imagen JPEG. Puedes hacerlo entrando en https:// www.jotform.us/form/13105057250.
Si además de productor eres DJ, puedes crear tus propios charts en Beatport en beatport.com/dj/charts/ new. Luego puedes añadir estas listas a tu perfil de artista.
Si eres propietario de un sello, también puedes actualizar tu perfil de sello. Tu imagen debe tener 500 × 500 píxeles, y también puedes incluir una biografía. El formulario de actualización del sello se encuentra en: https://www.jotform.com/form/20221418251.

CONSEJO: LA MAYORÍA DE LOS DISTRIBUIDORES DE MÚSICA INDEPENDIENTES TIENEN LA CAPACIDAD DE DISTRIBUIR MÚSICA A BEATPORT, PERO SÓLO PUEDEN HACERLO PREVIA SOLICITUD. ESTO SE DEBE A QUE NO TODOS LOS GÉNEROS MUSICALES SE ACEPTAN O ESTÁN DISPONIBLES EN LA PLATAFORMA. SI HACES ALGÚN TIPO DE MÚSICA ELECTRÓNICA O HIP-HOP, DEBERÍAS PONERTE EN CONTACTO CON TU DISTRIBUIDOR PARA VER SI TAMBIÉN PUEDEN AÑADIR TU MÚSICA A BEATPORT

Beatport Hype

¿Tienes tu propio sello? Beatport Hype es una plataforma promocional oficial de Beatport, con un conjunto de funciones para que tu música llegue a más oyentes. Sin embargo, sólo está disponible para sellos asociados seleccionados. El coste mensual es inferior al de una suscripción a Netflix, y Beatport afirma que "de media, los sellos suscritos a Beatport Hype han visto un aumento de más del 70% en las ventas de canciones".

Es propiedad y está gestionado por la propia Beatport. Con 35 millones de visitantes únicos al año y 25.000 temas añadidos cada semana, es una gran oportunidad para invertir en algo de promoción extra para que se oiga tu música: https://hype.beatport.com.

Enviar tu música a través de esta plataforma también permite que tu música sea elegible para las listas dedicadas de Hype, incluido el Top 10 de Hype, que aparece en la página principal de Beatport.

BANDCAMP

Los servicios de streaming han cambiado para siempre la forma en que los aficionados escuchan música y, en el proceso, como demuestra este libro, han demostrado la necesidad de que los artistas se replanteen la forma de compartir, vender y promocionar su música.

En su mayor parte, los servicios de streaming hacen una cosa: transmitir su música. Pero imagine una plataforma en la que un fan pueda escuchar su música y luego, con un solo clic, COMPRAR esa música. No sólo como un mp3 - ¡puede ser incluso un cd, un LP de vinilo, una cinta o diablos, hasta un pin, un parche o una camiseta!

Aunque técnicamente es más una plataforma de venta al por menor, la querida Bandcamp de los artistas independientes funciona en algunos aspectos de forma muy parecida a una plataforma de streaming. De hecho es mucho más.
Bandcamp tiene un sitio detallado para artistas en bandcamp.com/artists

JIOSAAVN

JioSaavn Artista One

JioSaavn (anteriormente conocida como Saavn y pronunciada jee-ow-saa-vn) se fundó en 2007. Es un servicio indio de streaming de música en línea y un distribuidor digital de música de Bollywood, inglesa y de otras regiones de la India en todo el mundo.

En el momento de escribir estas líneas, JioSaavn cuenta con más de 100 millones de usuarios que utilizan la aplicación y el sitio web de JioSaavn en todo el mundo.

JioSaavn cuenta con un sitio web orientado a los artistas llamado Artist One. Regístrese en artists.jiosaavn.com para acceder a los datos que muestran de dónde son sus fans.

Una característica interesante y exclusiva de JioSaavn es que le mostrará otros artistas que también gustan a sus fans y le animará a colaborar con esos artistas en un futuro lanzamiento para hacer crecer juntos su base de fans.

Artist One se conocía anteriormente como JioSaavn Artist Insights.

CONSEJO: SIGA A @JIOSAAVNFORCREATORS EN INSTAGRAM PARA RECIBIR ANUNCIOS SOBRE NUEVAS FUNCIONES, CONSEJOS PARA ARTISTAS Y CLASES MAGISTRALES EN DIRECTO.

Playlists de artistas de JioSaavn

Una vez que tenga acceso a JioSaavn Artist One, podrá crear playlist de artista que se mostrarán en su perfil de artista. Estas playlists deberán crearse primero desde su cuenta de usuario iniciando sesión en JioSaavn.com, tras lo cual podrá vincularlas y presentarlas en su página de artista. JioSaavn utilizará su foto de perfil de artista actual y creará ilustraciones de playlists personalizadas para usted.

Playlists de éxitos de artistas

Esencialmente, una playlist de catálogo que muestra la música original de los artistas y una forma de que los fans también encuentren nuevos lanzamientos.

Playlist Made By

Se trata de una playlist de música de cualquier artista. Puede incluir música en la que el artista se inspira o que le gusta escuchar. También es una gran oportunidad para incluir música de artistas similares, presentándolos en tu playlist. Incluso puede que ellos hagan lo mismo por ti en sus playlists.

Perfiles de artistas de JioSaavn

JioSaavn permite a los artistas verificados añadir una foto, una biografía y enlaces a medios sociales a su perfil de artista.

Añadir una foto de perfil

Esto debería ser lo primero que haga. Todas las fotos serán revisadas antes de que aparezcan en la aplicación. Añadir una imagen de artista muestra a los fans que usted tiene presencia en JioSaavn.

Añada enlaces a los medios sociales

Añadir enlaces a sus medios sociales da a los fans la oportunidad de seguir al artista en otras muchas plataformas. Esto significa que cuando no estén transmitiendo su música, usted tiene otras formas de llegar a ellos a través de las publicaciones en los medios sociales. Puede añadir enlaces a Facebook, Twitter, Instagram, YouTube y Wikipedia.

Añadir una biografía

Se pueden añadir biografías al perfil de un artista, pero deben enviarse por correo electrónico a content-inquiries@saavn.com y tener entre 200 y 250 palabras. También puede compartir premios y nominaciones de una página de Wikipedia y mencionar sus 3 mejores canciones. Estos envíos serán revisados antes de ser añadidos así que, por favor, deje tiempo para que estén disponibles

Shorties de JioSaavn

"Shorties" son vídeos cortos de alta calidad para canciones (similares a los Canvas de Spotify). Los oyentes podrán ver estos vídeos en bucle mientras escuchan una canción en la aplicación JioSaavn.

Estos vídeos duran entre 3 y 15 segundos y se reproducen en modo vertical para mostrarse en los teléfonos de los oyentes.

Playlists editoriales de JioSaavn

Actualmente, la única forma conocida de enviar música para su consideración como playlist editorial es a través del formulario de contacto situado en https://artists.jiosaavn.com/

Se aconseja incluir tantos detalles sobre la canción como sea posible. Incluya sin duda detalles sobre el idioma, el género, el estado de ánimo y los instrumentos utilizados, etc. También puede sugerir una playlist editorial en la que crea que la canción encajaría bien.

BANDSINTOWN

Bandsintown es un sitio web y una aplicación de música que ofrece a los usuarios la comodidad de recibir notificaciones sobre giras y grupos que actúan en su zona. Además de esta función, la plataforma ofrece varias herramientas para ayudar a los artistas a gestionar eficazmente las fechas de sus giras.

Bandsintown para artistas

Bandsintown ha ampliado sus herramientas en línea. En 2020, el servicio anteriormente conocido como Bandsintown Manager se relanzó como Bandsintown for Artists. Bandsintown permite a los artistas subir fechas de giras y promocionar espectáculos entre sus 50 millones de usuarios registrados, así como promocionarlos a través de Billboard, Google, Facebook, Instagram, Amazon Alexa y más.

He aquí un rápido resumen de las características actuales:

- Todos los artistas pueden registrarse en artists.bandsintown.com.
- Los artistas en Bandsintown tienen ahora la posibilidad de programar con antelación las publicaciones en los rastreadores.
- Análisis en tiempo real de las publicaciones de los artistas.
- Un flujo diario de consejos útiles, mejores prácticas y noticias de la industria musical del recurso para artistas Hypebot de Bandsintown y un blog ampliado Bandsintown Para Artistas.
- Una sección de servicios para artistas con descuentos y ofertas especiales de productos y servicios centrados en el artista.

Además, Bandsintown para artistas cuenta con una plataforma de mensajería. Cuando un usuario sigue a un artista en Bandsintown, se convierte en "seguidor", lo que significa que desea recibir información actualizada cuando ese artista actúe en su ciudad. Esta plataforma de mensajería permite a los artistas enviar correos electrónicos y notificaciones push a los seguidores. Además, los mensajes pueden programarse y dirigirse geográficamente a los seguidores de una ubicación específica. Los artistas también pueden enviar mensajes personalizados a los fans en Bandsintown y sincronizarlos en Facebook y Twitter simultáneamente.

Este servicio de mensajería puede utilizarse para promocionar casi cualquier cosa, no sólo las fechas de las giras. Puede compartir nuevos lanzamientos musicales, mercancía, vídeos musicales, espectáculos secretos y mucho más.

MUSIXMATCH

Musixmatch no es una plataforma de música en streaming propiamente dicha, pero distribuye las letras de las canciones a múltiples plataformas. Incluso traducen las letras a otros idiomas y pueden sincronizarlas con la música. Ya he hablado de ellos en otras ocasiones, así que si aún no te has registrado, ahora es el momento.

Cualquiera puede contribuir con letras que luego se verifican y se ponen a disposición en una serie de aplicaciones. Entre ellas están Spotify, Apple Music, Amazon Music, Shazam, Instagram e incluso los resultados de búsqueda de Google. Los artistas también pueden obtener cuentas verificadas registrándose en musixmatch.com.

LA CIENCIA DE UNA BUENA PLAYLIST

Las playlists son una de las mejores formas de descubrir, compartir y redescubrir música, así que es lógico que quieras tener una propia. Crear una playlist es el primer paso para crear algo de valor que puedas utilizar como palanca a la hora de compartir música con otros curadores, pero primero asegurémonos de que tienes una gran playlist.

Tienes música. Aunque sólo sea una canción, es una gran canción y te gustaría que se añadiera a algunas playlists. Lo primero que tienes que hacer es crear una playlist en la que encaje tu canción. Elige canciones de artistas similares a ti o canciones de un género específico. ¿No tienes ideas? Piensa en:

- Artistas que te inspiraron para escribir tu último single - Canciones que te hacen llorar

Canciones que escuchas mientras estudias ¿Sigues atascado? Aquí tienes otra. Busca algunos de tus locales de música y comprueba qué actuaciones contratan. Después de añadir algunos artistas locales a tus playlists, asegúrate de ponerte en contacto con ellos para informarles de que has añadido su música. Puede que cuando los artistas locales empiecen a compartir tus playlists, sus fans empiecen a compartirlas también.

¡Tú también eres un artista local! No es ninguna vergüenza añadir tu propia música. Además, estás ayudando a otros en tu propia escena, lo que podría conducir a cosas fuera del streaming, como nuevas oportunidades de conciertos.

Selección de Playlists

Ahora deberías tener una playlist de entre 50 y 100 canciones. Tómate tu tiempo. Pon las canciones más fuertes al principio. Si estás haciendo una playlist pop, pon algunas canciones pop conocidas en las diez primeras pistas. La mayoría de la gente decide si le gusta una playlist pulsando "Play" y saltándose las primeras canciones. Después de esto es cuando puedes "arriesgarte" y añadir algo que el oyente no conozca, pero manteniéndolo relevante y asegurándote de que encaja con el resto de las canciones de tu playlist.

CONSEJO: ¿TE HAS DADO CUENTA DE QUE SÓLO TE HE DICHO QUE CREES UNA PLAYLIST? DEBERÍAS CENTRAR TU ENERGÍA EN HACER CRECER LOS SEGUIDORES EN UNA SOLA PARA EMPEZAR. HE VISTO ARTISTAS QUE HACEN 20-30 LISTAS DE REPRODUCCIÓN Y LUEGO PASAN LA MAYOR PARTE DE SU "TIEMPO DE ESTUDIO" MANTENIÉNDOLAS ACTUALIZADAS. HAZLO SENCILLO, ¡Y HAZ UNA LISTA DE REPRODUCCIÓN POR AHORA!

El arte de la lista de reproducción

Tus playlists tienen que ser tan bonitas como suenan. La gente ve el material gráfico antes de hacer clic en Reproducir, así que ponte a hervir café y a crujirte los nudillos, ¡y pongámonos a diseñar! Si el diseño gráfico no es uno de tus puntos fuertes, aquí tienes un consejo: entra en un sitio web como Unsplash.com. Servicios como éste te permiten descargar imágenes y material gráfico de alta resolución libres de derechos.

Una vez que hayas encontrado unas cuantas imágenes, ve a Canva.com.

Para alguien que tenga poca experiencia en diseño gráfico, este servicio en línea es un buen lugar para empezar. Canva tiene plantillas gratuitas y fuentes de texto para casi todo. Sólo tienes que arrastrar tu imagen, cambiar el texto por el nombre de tu playlist y, así de fácil, parecerás un profesional. Si tienes un logotipo, no olvides incluirlo en tu material gráfico para darlo a conocer y mantener la coherencia con tu marca.

Descripción de la Playlist

Aquí es donde "vendes" tu playlist a nuevos fans potenciales. Si la descripción trata de todas las sensaciones que experimentará la gente cuando pulse "Reproducir", cuéntaselo en una breve historia de dos frases o menos.

También es esencial incluir palabras clave. Cuando buscas algo en Google, escribes unas cuantas palabras para asegurarte de que obtienes los resultados de búsqueda más relevantes en la parte superior. Lo mismo ocurre cuando buscas playlists en un servicio de streaming. Si tu playlist contiene música de cinco géneros, incluye los cinco géneros en la descripción.

Para el título de la playlist, haz que sea algo que la gente quiera escuchar y muestra algo de personalidad en él. "Songs I Cry With My Cat To" o "Festival Season Bangers" son descripciones claras de lo que puedes esperar.

Playlists colaborativas
La mayoría de los servicios permiten a los usuarios crear playlists colaborativas. Cuando se comparten, estas playlists permiten a otros usuarios añadir, eliminar y cambiar el orden de las canciones en la playlist. Esto es útil cuando creas una playlist para tu grupo, ya que todos los miembros pueden añadir canciones desde sus propios dispositivos. Yo utilicé esto para crear el orden de mi álbum debut con mi banda.
Ten en cuenta que si son públicas, cualquiera puede encontrarlas y hacer cambios. Comparte el enlace sólo con personas de confianza y haz siempre copias de seguridad de estas playlists para evitar perder horas de elaboración.

CONSEJO: CREA UNA SEGUNDA VERSIÓN DE TU PLAYLIST MÁS POPULAR COMO ARCHIVO. ESTO SERÁ UN REGISTRO PERMANENTE DE TODAS LAS CANCIONES QUE HAS APOYADO, LOS ARTISTAS PUEDEN DESCUBRIRLO MUCHO DESPUÉS DE QUE LES HAYAS APOYADO EN TU PLAYLIST PRINCIPAL Y ESTO DIRIGIRÁ A LOS ARTISTAS HACIA TU MARCA.

Playlists en varios servicios
No pongas todos los huevos en la misma cesta. Tienes una gran playlist en Spotify. ¿Por qué no difundir esa misma playlist en YouTube Music, Napster, Pandora, Apple Music, QoBuz, SoundCloud, Deezer y otros?
Imagina cuánto más valor tendría tu playlist si estuviera en todos los demás servicios de streaming principales. Por eso amplié mis playlists de Spotify a otros DSP.
Probablemente parezca mucho trabajo, ¡pero no lo es! Aquí tienes dos servicios que te harán la vida mucho más fácil y te ahorrarán tener que iniciar sesión en varios servicios cada vez que quieras añadir una canción a tu playlist.

CONSEJO: EN LA PRIMERA EDICIÓN DEL LIBRO, MENCIONÉ UN SERVICIO LLAMADO SOUNDSGOOD. ESTE SERVICIO SE CERRÓ EN 2020 DEBIDO A UNA ADQUISICIÓN POR PARTE DEL DISTRIBUIDOR DE MÚSICA DIGITAL BELIEVE.

Soundiiz

Este servicio tiene una interfaz basada en web que te permite sincronizar automáticamente tus playlists, incluyendo la descripción y el orden de las canciones con las altas/bajas en múltiples plataformas.
Soundiiz también crea enlaces inteligentes que pueden enlazar a tu playlist en múltiples DSP. Incluso puedes incluir enlaces a tus redes sociales o a tu formulario

de envío. También proporcionan URL únicas que puedes compartir y que permiten a la gente iniciar sesión y transmitir tu playlist en el servicio de streaming que deseen, incluso si no tienes un perfil configurado en ese servicio de streaming.

Soundiiz también sincroniza el orden de la playlist, de modo que si pones una canción nueva al principio de tu playlist y eliminas algunas canciones, sincronizará el orden de la playlist en todas las plataformas, actualmente con la excepción de Apple Music. Vale la pena mencionar que esto sólo está disponible a través de un navegador web y no hay ninguna aplicación para iOS o Android disponible en este momento.

Servicios admitidos actualmente:
Soundiiz, Qobuz, Tidal, Last.fm, Spotify, Apple Music, Deezer, YouTube, YouTube Music, Napster, SoundCloud, iTunes, Yandex Music, VK, Setlist. fm, 8Tracks, Pandora, Yousee Musik, JioSaavn, Plex, Slacker Radio, Telmore Musik, Hype Machine, Discogs, Brisamusic, Moodagent, Audiomack, Beatport, Joox, Beatsource, iHeartRadio, KKBox, Idagio, Amazon Music, Playzer, Emby, Claro Música, Dailymotion, Hearthis. at, Sberzvuk, Qub Musique, D'music, SoundMachine, Jamendo, Movistar y BandCamp.

Songshift

SongShift es una aplicación iOS para dispositivos Apple. Ofrece más servicios de streaming y también cuenta con una opción de sincronización automática (para suscriptores de pago). La sincronización automática funciona bien para enviar nuevas canciones a las playlists. Ten en cuenta que esto sólo ocurrirá cuando la aplicación esté abierta, pero recibirás notificaciones indicándote que abras la aplicación y sincronices tus nuevas canciones. Las posiciones de las canciones en las playlists no se sincronizan y las eliminaciones de canciones no se sincronizan.

Esta aplicación es buena para un curador que quiera tener su música en varios servicios y que nunca elimine canciones de su playlist. Yo utilizo SongShift para crear una copia de seguridad permanente de todas las canciones que he añadido a mi playlist principal.

Servicios admitidos actualmente:
Spotify, Apple Music, YouTube, SoundCloud, Deezer, Hype Machine, Napster, Pandora, Tidal, Discogs, Last.fm.

Aumenta el número de seguidores de tus Playlists
Has empezado a tener seguidores en tus playlists. La gente escucha, habla y comparte tu música y tus playlists. Ahora es el momento de pasar al siguiente nivel.

Cuando añadas una canción a tu playlist, sugiere amablemente al artista que comparta tu playlist en sus redes sociales. En tu mensaje, podrías hacer una sugerencia amistosa diciendo "Siéntete libre de compartir las buenas noticias en tus redes sociales" y luego incluir tus enlaces sociales en tu firma, para que puedan etiquetarte.

No incluyas nunca los enlaces de tus redes sociales personales en tu firma, a menos que quieras que la gente te etiquete en tus perfiles personales.

Puedes ir un paso más allá y tener un Tweet preescrito que el artista pueda copiar y pegar. De esta forma, puedes asegurarte de que te etiquetan correctamente y utilizan los enlaces correctos. Aquí tienes un ejemplo que puedes modificar para hacer el tuyo propio:

Gracias @askmikewarner por añadirme a tu playlist New Country. Que todo el mundo siga esta playlist y le dé al play.

CONSEJO: SPOTIFY HA DESARROLLADO UNA FORMA ESTUPENDA DE QUE COMPARTAS TU INFORMACIÓN DE SPOTIFY UTILIZANDO CÓDIGOS ESPECIALES. VISITA SPOTIFYCODES.COM PARA DESCUBRIR CÓMO ESTOS CÓDIGOS PUEDEN PERMITIRTE COMPARTIR INFORMACIÓN Y CREAR MATERIALES DE MARKETING.

Publica la carátula de la Playlist

Publica el arte de la playlist en Facebook, Twitter e Instagram. Etiqueta a todos los artistas nuevos cuya música hayas añadido esa semana.

Como mínimo, recibirás un "me gusta". Puede que algunos artistas incluso se pongan en contacto contigo y te pidan tu correo electrónico para enviarte más música. En cualquier caso, es un ganar/ganar, ya que tienes una nueva conexión.

Si no cambias constantemente tu material gráfico, publicar exactamente la misma imagen cada semana probablemente te haga perder seguidores.

Enlaces cortos

Utiliza un acortador de URL para convertir esas URL largas en algo corto y fácil de compartir.

Aquí tienes algunos sitios útiles:

- sptfy.com - Acorta los enlaces compartidos de Spotify (por ejemplo, sptfy.com/ coconutkids enlaza con el perfil del artista).
- Bit.ly - Acorta cualquier enlace. Utilízalo para el sitio web de tu artista, un vídeo de youtube, las redes sociales, cualquier cosa en línea (p. ej. bit.ly/ 2H9OQXj enlaza con el formulario de envío del sitio web Work Hard Playlist Hard).
- toneden.io - Crea un fanlink para compartir tu álbum, playlist y redes sociales, todo en una sola página. Los usuarios pueden elegir su servicio de streaming favorito y les dirigirá automáticamente a su archivo profesional o playlist en ese servicio de streaming (por ejemplo, fanlink.to/datenight enlaza con el perfil del artista en todos los servicios de streaming).

Estos servicios ofrecen una serie de ventajas añadidas, como el seguimiento de clics, que te permite saber cuántas personas han seguido tu enlace y de dónde proceden. La otra ventaja de tener un enlace corto es para las publicaciones en servicios como Instagram, que no permiten enlaces en los que se pueda hacer clic en la descripción de la foto. Puedes escribir una URL corta que sea fácil de recordar, permitiendo a los usuarios escribirla manualmente en su navegador web.

Cómo crear una buena playlist

Contribución de Luk

En mi opinión, la mejor manera de atraer público a tu playlist es encontrar un nicho que no esté muy saturado. Hace unos años, este era el caso de las playlists temáticas de TikTok, pero ahora parece que todo el mundo está creando una playlist de "éxitos de TikTok".
Si creas algo que ya se ha hecho, te resultará mucho más difícil conseguir que la gente escuche y siga tu playlist con tanta competencia ahí fuera.
Debes elegir un tema específico para el que te gustaría crear la lista. Puede ser un tipo especial de evento o incluso un estado de ánimo. No busques una playlist que ya tenga tu tema y te limites a copiar la lista de canciones. No conseguirás que nadie acceda a tu playlist si la tuya es simplemente un duplicado de la de otra persona.
Es comprensible que quieras añadir un montón de canciones populares que ya estén en la radio o que vayan bien en streaming. Dicho esto, también deberías aprovechar esta oportunidad para insertar algunas canciones de artistas menos conocidos para darles la oportunidad de hacerse oír. No sólo es beneficioso para el artista, sino también para el oyente, ya que le ayudas a descubrir música nueva.

Es importante no utilizar versiones largas o extendidas de las canciones. Cualquier canción con una intro u otro largos puede hacer que la gente se salte esa canción o, peor aún, que se salte tu playlist y empiece a escuchar otra. La gente se aburre fácilmente.
No compres seguidores. La gente no se da cuenta de esto y afectará a tu clasificación en Spotify. Te arriesgas a que eliminen tu playlist de Spotify y a tener que empezar de nuevo con cero seguidores.
El material gráfico es importante. Antes de pulsar el botón de reproducción, la gente se fija en el diseño. Si no les resulta atractiva, es posible que pasen a la siguiente playlist.
Habla de tu playlist en las redes sociales. Comparte actualizaciones cuando realices alguna novedad importante e informa a otros artistas cuando los añadas para que puedan compartir las buenas noticias.

Además de curador de playlist, también soy artista. Al crear mis propias playlists, sé que cuando lance música siempre tendré un buen lugar para ella junto a las playlists relevantes que poseo. Esto también me llevó a crear mi propia comunidad en línea en songrocket.com, donde otros curadores, artistas y sellos discográficos pueden conectarse entre sí.
Más información sobre Luk en https://songrocket.com/

PITCH

Presenta su música a los curadores

Ahora que tus propias playlists tienen valor, puede que otros curadores se muestren más receptivos a tus correos electrónicos. Pide permiso antes de enviar música, mostrando respeto de un curador a otro. Si el curador es también un artista o un sello discográfico, puedes añadir una de sus canciones a tu playlist para romper el hielo. Por supuesto, sé un buen curador y añade sólo música que encaje bien en tus playlists.

Piensa en ello. ¿Cuántas veces al día reciben los curadores correos electrónicos que empiezan con "Estoy seguro de que recibes muchos de estos correos..."? Basta ya. No vas a destacar si tu enfoque es el mismo que el de todos los demás. Te diriges a un artista o una discográfica que también es curador. Comienza diciéndoles lo siguiente, en este orden:

- Has añadido su canción a tu playlist.
- Te gustaría escuchar más música de ellos, invitarles a añadirte a su lista de correo o enviarte nuevas canciones directamente.
- Ya está.
- "No les he pedido que escuchen mi música y ni siquiera les he dicho que soy artista". Así es ¡No se trata de ti, se trata de ellos!
- Envía un buen correo electrónico, LinkedIn InMail o Facebook DM.

Si no responden en tres días, publícalo en Twitter/Facebook, comparte tu playlist públicamente y etiqueta al artista, diciendo algo sobre por qué te gusta la canción y por qué todo el mundo tiene que escucharla. Por último, menciona que la has añadido a tu playlist e incluye un enlace.

Si esto no funciona, repítelo con el siguiente single de ese artista. Sigue haciéndolo. Si añades 20 canciones de 20 artistas que te gustan a tu playlist, puede que sólo recibas una respuesta. Imagina que añades 100 canciones a tu playlist. Eso son cinco nuevas relaciones que empiezan a florecer.

Una vez que tengas línea directa con el artista, empieza por mantener conversaciones breves y divertidas. Esto será un alivio para ellos y puede que incluso empiecen a escribirte al azar para desahogarse o contarte su divertido fin de semana.

Ahora que ya has establecido cierta relación, envía un correo electrónico con lo siguiente en este orden.

1. "Hola (nombre)", seguido de una frase amistosa para que sepan que es personal.
2. He añadido tu nueva canción a mi playlist, y he incluido los detalles a continuación.

3. Pero antes, quería preguntarte si estás dispuesto a que te envíe alguna canción de vez en cuando para que la tengas en cuenta en tu playlist. Házmelo saber ya que tengo un nuevo single a punto de salir que encajaría en tu playlist XXXXXX.
4. Por último, aquí tienes el enlace a la playlist, he añadido tu canción al principio y compartiré la noticia en las redes sociales hoy mismo.

La organización es la clave

Una vez que obtengas un "sí", empieza a crear tu base de datos. Es importante que anotes los siguientes datos.

- Nombre.
- Géneros preferidos.
- Plazo de entrega (enlace privado antes del lanzamiento o uri/url de Spotify una vez lanzado).
- Forma de envío (prefieren por correo electrónico, mensaje en Facebook, texto, etc).
- Enlace a su perfil de playlist (no querrás tener que estar preguntando "¿Dónde puedo encontrar tu playlist XXXXXX?
- Teléfono (algunos curadores pueden pedirte que les envíes un mensaje de texto).
- Ciudad, País (En caso de tener planes de viaje, cultivar la amistad en persona).

Contacta a través de Linkedin

Una prueba gratuita con LinkedIn te da créditos InMail que te permiten enviar mensajes a la gente aunque no estéis conectados. Los mensajes InMail se toman más en serio porque te has gastado dinero en enviar ese mensaje, así que va a la cabeza de la bandeja de entrada del destinatario. Busca curador de playlists o editor de playlists.

CONSEJO: BUSCA BECARIOS EN SELLOS DISCOGRÁFICOS/MARCAS DE PLAYLIST EN LINKEDIN. LOS BECARIOS SUELEN MOSTRAR CON ORGULLO SU PUESTO DE TRABAJO Y SU DIRECCIÓN DE CORREO ELECTRÓNICO EN LINKEDIN, LO QUE FACILITA SU BÚSQUEDA Y LA INTERACCIÓN CON ELLOS. TAMBIÉN SUELEN RESPONDER MEJOR A LOS MENSAJES DE CORREO ELECTRÓNICO.

Pitch través de su distribuidor

Lanzar correctamente su música es un arte que lleva tiempo dominar. Lo bueno es que no estás solo. Aquí tienes un método para que tu música llegue a los equipos editoriales de los servicios de streaming.

Aunque es posible que esta información no aparezca en grandes letras de neón en el sitio web de tu distribuidor, investigando un poco (o preguntándole directamente) descubrirás que tu distribuidor tiene contactos en la mayoría de los principales servicios de streaming a los que se dirige. Ahora bien, ¿por qué las distribuidoras no anuncian que tienen estos contactos? Porque suben miles de estrenos cada semana. Si ofrecieran este servicio en su página principal, todos los artistas les enviarían una propuesta. Por eso tienes las de ganar. Tienes formación, buena música y estás preparado.

Acercarse a un distribuidor es lo mismo que acercarse a un curador. No les lances una propuesta. Pregúntales si disponen de un proceso de presentación para que sus próximos lanzamientos lleguen a los contactos de su equipo editorial en los servicios de streaming.

Cosas importantes a tener en cuenta:
- Los distribuidores reciben muchos correos electrónicos directos, así que ten paciencia y dales unos días antes de hacerles un seguimiento.
- Si sigues sin recibir respuesta, prueba otro método de contacto, busca sus contactos de relaciones con artistas o sellos en LinkedIn y envíales un mensaje breve y amistoso.
- Los distribuidores necesitan tiempo, igual que los equipos editoriales de los principales servicios de streaming. Dales un mínimo de cuatro semanas antes de la fecha de lanzamiento. Si tu canción sale el 29 de abril, envíales un correo electrónico a mediados de marzo para estar seguro.

Servicios de pitching pagos

Si no tiene tiempo o necesita un descanso de los lanzamientos, hay una serie de servicios que harán el trabajo por usted. Estos servicios varían en precio y oferta. No los considere una recomendación. Los servicios ofrecidos están sujetos a cambios sin previo aviso. En su lugar, considere esto como un resumen de los tipos de servicios que están disponibles.

Playlist Push: Este servicio es extremadamente detallado en comparación con otros, pero tiene un precio superior para las campañas más grandes. Playlist Push elimina activamente las playlists con un bajo número de oyentes mensuales y también prohíbe las playlists "bot" que tienen un gran número de seguidores pero no de oyentes. Un buen detalle es que los creadores de las listas tienen un botón "Seguir" y se les anima a seguir a los artistas cuya música les gusta. El proceso para añadir una canción es sencillo y es más probable que los curadores la añadan debido a su simplicidad. También tienen una opción para campañas de TikTok.

SubmitHub: Un servicio creado por Jason Grishkoff, que dirige un blog llamado IndieShuffle. SubmitHub te permite enviar propuestas a curadores independientes de playlists de Spotify, blogs y canales de YouTube. Si te quedas atascado, hay una sala de chat en directo en el sitio con artistas, curadores y personal de SubmitHub disponible para responder a tus preguntas. Hay opciones de envío gratuitas y premium, que se consiguen comprando créditos. En el caso de los envíos premium, si el remitente no recibe respuesta en un plazo de 48 horas, se le reembolsará el dinero en forma de crédito.

Pluggers de playlists

Existe un gran número de empresas de "playlists" y "relaciones públicas de Spotify". Investiga, pide que te enseñen las canciones en las que han trabajado recientemente y pide a esos artistas que te den su opinión. Es habitual que un artista o una discográfica pague a varios creadores de playlists y luego sólo siga trabajando con los buenos.

Si algo parece demasiado bueno para ser verdad, probablemente lo sea. Algunas señales de advertencia a tener en cuenta incluyen cuentas de correo electrónico gratuitas (@gmail, etc.) y/o ningún rastro de los miembros del equipo en el sitio web. También puedes buscarlos en LinkedIn para ver si tienen personas reales trabajando para ellos. Echa un vistazo a su página pública en Facebook, comprueba si a alguno de tus amigos le gusta la página y pregúntale si ha utilizado sus servicios.

Por último, puedes comentar en sitios como Reddit (un foro en línea), preguntando si alguien los ha utilizado antes. Si alguien ha tenido una mala experiencia, estará encantado de hablar para evitar que estafen a otra persona.

¿Es una buena Playlist?

Con tanta atención y energía puestas en entrar en una playlist, también existe una preocupación constante sobre si una playlist realmente va a ayudar o perjudicar a un artista. He aquí un par de formas de ver si una playlist está consiguiendo oyentes.

Ten en cuenta que no hay forma de saber quiénes son exactamente estos oyentes, por lo que es mejor tratar esta información como datos generales.

Se puede encontrar en   VER TODO

Aquarela Brasileira
A rica música brasileira
reunida em um único...

Indie Brasil
Novidades e destaques
do indie nacional. Foto:...

flora
Nossa flora é diversa,
tropical e fascinante...

Manhã Relax
Músicas calminhas pra
começar o dia bem relax.

Haz clic en Ver todo y podrás ver hasta las 50 playlists con más oyentes mensuales en Spotify. Esto está disponible en la aplicación web si vas a open.spotify.com en tu navegador web y miras el perfil de un artista y luego te desplazas hacia abajo hasta la sección Descubierto en.

Isitagoodplaylist.Com
Aquí tienes una herramienta realmente útil:
isitagoodplaylist.com
Puedes pegar el enlace a cualquier playlist de Spotify y cruzará las referencias tanto de las canciones que aparecen en la lista como de los análisis de "Descubierto en" del artista para determinar lo bien que está funcionando una playlist. Es gratuito y no requiere la creación de ninguna cuenta.

Comprueba tus estadísticas
Si te han añadido a una playlist, podrás ver los streams y oyentes de esa lista iniciando sesión en tus herramientas de artista (por ejemplo, Apple Music para Artistas o Spotify para Artistas). Es una forma estupenda de ver hasta qué punto esa playlist está generando oyentes y transmisiones.

¿Está bien curada la playlist?
Escucha primero la playlist. ¿Disfrutas escuchándola? ¿Está bien seleccionada y es algo que dejarías reproducir, o está tan mal seleccionada que quieres saltártela? Si no disfrutas con la playlist, es seguro que otros tampoco lo harán.
Curadores: Puedes pensar que al poner la canción de alguien en tu playlist le estás ayudando, pero no siempre es así. Si tienes una playlist de ritmos de estudio relajados y pones una canción electrónica alegre en medio de esa lista, puede que consigas algunos oyentes para ese artista, pero la mayoría de los oyentes puede que se salten esa canción. Esto afectará tanto a ese artista como a los artistas relacionados. De hecho, puede perjudicar a los demás a largo plazo.

Encuentra más curadores

Ahora que estás empezando a establecer algunas conexiones sólidas con los curadores, el siguiente paso es encontrar formas de conectar con otros a través de ellos, a veces es tan sencillo como preguntar amablemente. Con estos ejemplos, es importante poner tu propio toque en las conversaciones / correos electrónicos.

Pide una presentación

Una vez que hayas establecido una buena relación y tengas un curador con el que hables unas cuantas veces al mes, está bien que le hagas la siguiente pregunta. Incluso he redactado un ejemplo para ti:

"Hola [NOMBRE], ha sido un placer compartir música contigo estos últimos meses, y estoy muy contenta de poder apoyar también tu música. Me preguntaba si tienes algún otro contacto que esté interesado en un acuerdo similar. A cambio, estaría encantada de presentarte a algunos de mis contactos, ya que estoy segura de que podemos ayudarnos mutuamente mediante presentaciones facilitadas".

En este correo electrónico he explicado por qué pido otros contactos (porque conozco el valor de una red más amplia), al tiempo que ofrezco una presentación a mis contactos (algo de valor a cambio).

Si te piden que presentes a uno de tus contactos, pregúntale directamente primero para asegurarte de que está de acuerdo. No querrás disgustar a tus contactos actuales, que ya están compartiendo gustosamente música contigo.

¿Qué ocurre si un curador deja su trabajo?

Si has desarrollado una relación con un curador y te ha comunicado que deja su trabajo, debes seguir estos pasos:

Infórmate de las circunstancias: si deja su trabajo en una discográfica para dedicarse a su carrera musical, puedes suponer que lo hace en buenos términos.

Deséale todo lo mejor y pregúntale si puedes mantener el contacto, ya que te encantaría conocer sus próximos movimientos. Nunca se sabe: podría pasar a desempeñar un cargo más importante en una empresa similar y te alegrarás de que te haya dado su correo electrónico o su teléfono personal.

Una vez que hayan agradecido tus buenos deseos y hayan demostrado que están dispuestos a seguir en contacto, puedes preguntarles si es posible que te presenten a su sucesor, ya que también te encantaría seguir compartiendo música con ellos.

No hay nada más valioso que una presentación personal, sobre todo cuando es del anterior miembro del personal. Es como conocer al amigo de un amigo. Al instante se crea un nivel de comodidad y confianza. De ti depende construirlo a partir de ahí.

Consejo: Cuando el compromiso con un contacto está en su punto álgido (o después de haber intercambiado más de un par de correos agradables), es un buen momento para conectar en LinkedIn. Una solicitud de conexión en LinkedIn es mucho menos invasiva y más aceptada en la fase inicial de una nueva relación con un curador. Lo mejor de solicitar una nueva conexión en LinkedIn es que se te notificará si pasa a otro puesto o si asciende. La plataforma también es una forma estupenda de seguir poniéndote en contacto con ellos a través de mensajes.

Respuestas "fuera de la oficina"

Esto es lo más parecido a una presentación (pitch). Supongamos que envías un correo electrónico al responsable de la playlist de la discográfica X y recibes una respuesta de fuera de la oficina. Hay pocas posibilidades de que respondan o coloquen tu canción, pero hay muchas posibilidades de que incluyan un contacto alternativo al que dirigirte en su ausencia.

Es el momento perfecto para hacer una autopresentación. Aquí tienes un ejemplo de cómo me pondría en contacto. Por favor, reescríbelo con tus propias palabras.

"Hola [NOMBRE],
Suelo compartir música nueva con John, y sé que actualmente está de vacaciones en Hawai (1), de lo cual estoy muy celoso. Me han dicho que tal vez tú seas la mejor persona con la que contactar en su ausencia y sólo quería ponerme en contacto contigo, ya que tengo nueva música que compartir, si es posible...". (2)
Si no eres el mejor contacto para esto, ¿puedes indicármelo, por favor, y me aseguraré de librar tu bandeja de entrada de mis lanzamientos musicales? (3)
Saludos, Michael".

Es importante que conozca a John, y lo suficientemente bien como para saber que está de vacaciones en Hawai. Es probable que esto haga que el destinatario siga leyendo.

No lancé el correo electrónico. Pedí permiso, lo cual es muy importante porque si este correo llega a la persona equivocada y hay un montón de enlaces de canciones, es probable que lo pase a la cesta de "no tengo tiempo para esto".

Por último, les di la oportunidad de empujarme hacia otra persona: otro contacto, quizá un contacto mejor para lo que busco.

Si responden positivamente, dales tu tono de canción y utiliza un poco de encanto. Si todo va bien, puede que tengas otro contacto en esa discográfica.

Si responden con otro contacto, debes ponerte en contacto con ellos siguiendo de nuevo el proceso y explicándoles cómo os pusieron en contacto.

CHARTMETRIC

Encuentra curadores con Chartmetric

Chartmetric te permite buscar en casi todas las playlists y curadores de Spotify, Apple Music, Amazon Music, YouTube Music y Deezer. También puedes filtrar las playlists editoriales para ver únicamente las listas de terceros independientes. También puedes filtrar las playlists editoriales para ver únicamente las playlists independientes de terceros. Incluso puedes filtrar para ver únicamente los curadores que han añadido sus URL de redes sociales, lo que facilita la búsqueda de personas con las que es más fácil ponerse en contacto.

CONSEJO: CUANDO SE PONGA EN CONTACTO CON UN CURADOR, NO INCLUYA ENLACES A CANCIONES EN SU MENSAJE. PREGÚNTELES SI TIENEN UN PROCESO DE PRESENTACIÓN. SI RESPONDEN, DALES LAS GRACIAS Y SIGUE SUS INSTRUCCIONES, A DIFERENCIA DE TODOS LOS DEMÁS. PIDE PERMISO, MUESTRA RESPETO Y DA LAS GRACIAS.

La narrativa

Contribución de Jay Gilbert

Uno de los elementos más importantes de cualquier plan de marketing es la narrativa.
La narrativa es una breve historia sobre el artista, el lanzamiento o la canción. En pocas palabras, transmite por qué debería importarle a alguien.
El comunicado de prensa es la forma más obvia de comunicar la narrativa al mundo, pero hoy en día hay muchas otras formas de hacerlo, como la página web del artista, las redes sociales e incluso el formulario de envío de canciones de Spotify.
A menudo pregunto a mis clientes: "Si tuvieras treinta segundos en un ascensor para hablar a una persona importante sobre tu grupo o tu lanzamiento, ¿qué le dirías?". Todo el equipo

(management, discográfica, distribuidor, publicista, etc.) debe estar en sintonía y transmitir el mismo mensaje.

¿Qué te hace especial como artista? ¿Qué tiene de interesante el lanzamiento? ¿Es ambicioso? ¿Es inusual? ¿Ha superado alguna adversidad? Una buena narración puede ser una poderosa herramienta para transmitir tu mensaje, ganar atención, publicidad y, en última instancia, más fans.

Más información sobre Jay en *label-logic.net*

Cómo hacerse notar

Contribución de Uberjakd

Como productor y DJ, mucha gente me pregunta dónde deben centrarse si quieren hacerse notar. Ya sea para actuaciones o tal vez por un distribuidor importante, he aquí tres cosas clave en las que les digo a los artistas que se centren.

Trabajo en red - Esto es clave. Necesita conocer gente y que ellos sepan que usted existe. Ante todo, necesitan saber de qué va usted. Estreche manos en los conciertos, envíe esos correos electrónicos, pida presentaciones a otros productores. Que alguien le conozca es un paso más para trabajar con ellos.

Base de fans - Necesita encontrar su base de fans incondicionales que lleven su logotipo en una camiseta, lleven a sus amigos a sus conciertos y canten sus alabanzas a los cuatro vientos. Una cosa es que usted le diga a la gente lo bueno que es, pero tener además un pequeño ejército dispuesto a gritar sobre su música y a apoyarle hará que los demás se fijen en usted. Esto se traducirá naturalmente en más fans y, con el tiempo, hará que se fijen en usted bookers, sellos discográficos y artistas importantes con los que podría colaborar. Mantenga a sus fans comprometidos, averigüe qué quieren, por qué le siguen y déselo, idealmente, a diario, semanalmente o con la mayor frecuencia posible.

Música - Ya ha estado creando, mejorando y compartiendo su música. Ahora que tiene una red y una base de seguidores, es el momento de compartirla con ellos. No tiene sentido hacer la mejor música del mundo si nadie la escucha. No se quede demasiado tiempo sin hacer nada. Sepa que el viaje consiste en terminar y lanzar contenidos/música, no en obsesionarse con una canción durante meses porque siente que es su "gran melodía". Créame, nunca puede estar seguro al 100% de cuál será su canción más importante, así que ¡sólo tiene que sacarla y dejar que la gente decida!

Más información sobre Uberjakd en uberjakd.com.

REDES SOCIALES

Hagamos el social

Si aún no lo ha hecho, regístrese en las siguientes cuentas de medios sociales. Si está en contra de las redes sociales, es hora de que se aguante y acepte que para muchas personas de este sector es la forma más rápida de establecer un contacto inicial, forjar una amistad, encontrar a sus seguidores y continuar la relación cuando dejen de transmitir. He aquí cinco plataformas en las que debería, como mínimo, reclamar un nombre de usuario.

- Facebook
- Twitter
- LinkedIn
- Instagram
- TikTok

Utilice el mismo nombre de usuario para todos los servicios. Esto es importante para la coherencia y para ayudar a la gente a encontrarle. Si usted es @JSmithTunes en Instagram, entonces su nombre de usuario en Twitter debería ser @JSmithTunes.
Facilite a los seguidores de sus otras plataformas que le tuiteen, mencionen o sigan. Para mantener la coherencia, haga una comprobación rápida en todos los sitios de redes sociales antes de fijar su nombre de usuario.
Por ejemplo, vaya a facebook.com/jsmithtunes, instagram.com/jsmithtunes, etc. para ver si el nombre de usuario está disponible. Puede hacerlo desde un navegador web mucho más rápidamente que buscando en las aplicaciones.

CONSEJO: AQUÍ HAY UN SITIO QUE PUEDE UTILIZAR PARA COMPROBAR TODAS LAS REDES SOCIALES AL MISMO TIEMPO - CHECKUSERNAMES.COM SI SE LANZAN NUEVAS APLICACIONES O SITIOS DE MEDIOS SOCIALES DESPUÉS DE LA PUBLICACIÓN DE ESTE LIBRO, REGÍSTRESE TAMBIÉN EN ELLOS, AUNQUE SÓLO SEA PARA RECLAMAR SU NOMBRE DE USUARIO ÚNICO. SI UNA NUEVA PLATAFORMA DE MEDIOS SOCIALES DESPEGA, QUERRÁ TENER SU NOMBRE DE USUARIO ASEGURADO, ¡POR SI ACASO!

Por supuesto, no voy a decirle simplemente que se inscriba y luego "se ponga a trabajar". A continuación le ofrezco consejos para crear un buen perfil en las redes sociales y para saber dónde y cómo encontrar sus primeros contactos. Una vez que los haya encontrado, no haga nada todavía. Anótelos en el papel que le he hecho coger.

REGLAS DE ORO AL CREAR PERFILES EN LAS REDES SOCIALES:

- Dé información profesional y utilice un nombre que sea serio. Su nombre real o nombre de artista debe ser el que encabece en sus páginas públicas.
- Utilice una foto real de su cara. Demuestre que es usted una persona real. No publique fotos de multitudes o una foto de la parte posterior de su cabeza mirando a la puesta de sol.
- No utilice credenciales falsas. Tampoco se infravalore. Si lleva dos semanas produciendo música, no incluya eso en su biografía. Puede probar con algo más como "Productor musical, Australia". Si la gente quiere saber más, le preguntará.

Es importante que su público sepa en qué plataformas es usted más activo. De este modo, si utilizan varias plataformas de medios sociales, sabrán en cuál van a ver más contenido suyo. Como autor y ejecutivo, publico con más frecuencia en LinkedIn. Esa es la plataforma en la que paso la mayor parte de mi tiempo y es la que promociono primero.

Los artistas pueden encontrarse con más frecuencia en Instagram, Twitch o Twitter. Piense en qué tipo de publicaciones pone en cada plataforma. Por ejemplo, las fotos entre bastidores del estudio son mejores en Instagram, las reflexiones rápidas y espontáneas funcionan muy bien en Twitter y los logros y desarrollos profesionales son más apropiados para LinkedIn.

Haga un plan y muévalo

Contribución de Troy Carter Jr.

Mi consejo para los artistas de todo el mundo sería que establecieran una intención. Establezca una intención para su carrera, esboce la dirección en la que quiere ir y consiga que todo el mundo en su equipo esté en la misma página. Camine, corra o vuele en esa dirección, pero tenga una dirección.

El juego es más competitivo que nunca. En última instancia, tiene que ser intencional con todo lo que está haciendo. Esto incluye:

- *La música que está lanzando*
- *El momento en que la lanzas*
- *Cuándo salen tus vídeos musicales*
- *Qué publicas en las redes sociales*

Creo que hay un mito subyacente de que simplemente "lo logras", lo cual nunca es el caso. Cualquiera que veas que tiene mucho éxito hoy en día llegó allí a través de un plan de acción muy deliberado.

Aunque los lanzamientos puedan parecer espontáneos, no lo son. Son extremadamente calculados y los artistas de todos los niveles tienen que adaptarse al clima de la industria en la que estamos.

Mi consejo es que se fije una intención. Escriba un plan y luego esfuércese.
Buena suerte a todos los que lean, yo estoy haciendo lo mismo.
Encuentre más información sobre Troy en diamondent.org

Redes sociales y reutilización de contenidos

Contribución de Nick Ditri

Ahora más que nunca en la historia de Internet, es vital tener presencia en las redes sociales. Ya se trate de un par de piezas de contenido repartidas por las redes sociales cada día o de elegir sus plataformas favoritas, apueste de verdad por su compromiso. Hágalas suyas. Envíe a sus seguidores a esa plataforma específica para que sepan lo que va a ofrecer. Para nosotros, con Disco Fries, nuestro enfoque actual es impulsar nuestras transmisiones en Twitch e impulsar aún más nuestro nuevo sitio web FinishMyTrack.com.
En un plazo de 6 meses a un año, esos objetivos podrían cambiar y probablemente lo harán, pero siempre desarrollamos una estrategia para que funcione durante un plazo - 3 meses, 6 meses o un año +. Creemos firmemente en la reutilización de contenidos. Si hacemos una entrevista en Twitch, cogeremos los mejores clips y los clips con más reacciones de esa retransmisión. Luego los recortamos, creamos subtítulos y los compartimos en nuestras otras redes sociales, que a su vez los reenvían a nuestro stream de Twitch. También los compartimos en nuestro sitio web FinishMyTrack.com, que es también el título de nuestro stream de Twitch. Nuestro stream conduce en última instancia al sitio web Finish My Track para que productores y artistas obtengan servicios de mezcla, masterización y producción adicional.

Si piensa en sí mismo como el centro de su propia marca-universo, ya sea una empresa o una marca de artista, todos los caminos deberían viajar de vuelta a USTED de una forma u otra. Piense en su presencia social como sus tentáculos para llevar a la gente de vuelta a cualquiera que sea su enfoque principal, ya sea una pista, una entrega de merch o una activación en directo.

La reutilización de contenidos no se limita únicamente a los contenidos sociales. También puede utilizar su canción para hacer múltiples piezas de contenido. Algo tan sencillo como tomar una letra o el arte de su portada y convertirlo en un lienzo puede ayudar a captar a los fans de nuevas formas y crear nuevos puntos de contacto para los fans potenciales. También puede tomar elementos de su canción -como elementos únicos de su voz, tomas únicas de guitarras o sintetizadores y cualquier otra parte única que haya creado- y desarrollar su propio paquete de muestras, que luego podrá revender. Por supuesto, entonces estará creando toda otra pieza de contenido que tendrá que sacar ahí fuera y comercializar. En última instancia, puede utilizar una pieza de contenido y estirarla hasta convertirla en casi un mes de producto, si no más.

Uno de los mayores y más beneficiosos usos de las redes sociales para nosotros ha sido el compromiso con nuestros DM, ya sea creando una conexión personal con los fans o contactando con otros artistas personalmente, frente a hacerlo a través de managers y agentes. Tener una conexión personal con un artista para crear oportunidades de colaboración es insuperable.

Revisar nuestros DMs cambió literalmente nuestra carrera. Tiësto se puso en contacto con nosotros por DM. Estaba apoyando nuestra música en ese momento y se puso en contacto con nosotros para preguntarnos en qué estábamos trabajando. Nos reunimos, ¡y nos pidió que trabajáramos en su álbum! Co-produjimos su primer single de platino en Norteamérica llamado "Wasted" con Matthew Koma. Si no hubiera sido porque estábamos comprometidos en nuestros DM, eso nunca habría ocurrido.

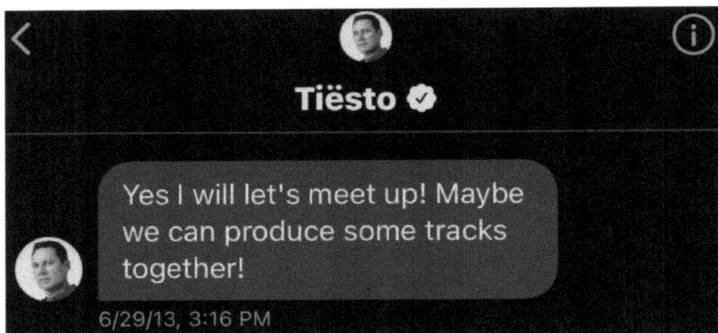

Nunca subestimes la idea de la conexión personal con un artista. Llegar directamente a la gente respetando su tiempo y su espacio en la bandeja de entrada, tanto si has firmado con una gran discográfica como si eres un artista en ascenso, es importante para desarrollar relaciones.

Sigue a Nick y The Disco Fries en finishmytrack.com y @thediscofries en las redes sociales.

Música y Livestreaming

Contribución de Karen Allen

Como una de las primeras partidarias y evangelizadoras del livestreaming, no podría estar más emocionada de ver a tantos artistas descubriéndolo, retransmitiendo su música y encontrando nuevas audiencias. La pandemia es/era sin duda una motivación para que los artistas le dieran una oportunidad, pero está claro que es una sólida estrategia a largo plazo para los artistas independientes.

Mi libro y mi curso profundizan en la producción de un canal en Twitch y el crecimiento de la audiencia allí, pero en realidad lo que enseño podría aplicarse a Facebook, YouTube, Reddit e incluso Instagram. Los productos básicos que utilizará - OBS para la producción y Streamlabs y StreamElements para la interactividad y la monetización fuera de la plataforma con su audiencia - funcionan en la mayoría de las plataformas. De hecho, la gran lección que me llevo de la explosión de músicos que retransmiten en directo es que no hay una única forma de hacerlo. Los artistas estaban activando bases de fans y siendo descubiertos por los aficionados a la música y monetizando de forma significativa en todas las plataformas.

Dónde retransmitir y qué hacer allí depende realmente del tiempo que tenga para dedicarle y de si ya tiene una base de seguidores establecida en algún sitio. La conclusión es que construir en una nueva plataforma requiere paciencia, consistencia y tiempo. Usted no construyó su base de seguidores de Instagram de la noche a la mañana y será lo mismo con cualquier plataforma en la que elija transmitir. Si no tiene mucho tiempo, transmita donde tenga más seguidores. Si usted tiene tiempo para dedicar a la construcción en una nueva plataforma, sigo pensando que Twitch tiene el mejor retorno de su inversión en términos de desarrollo de la audiencia y la monetización.
Hablemos de algunas de las plataformas más grandes con livestreaming.

Herramientas de marketing

Los servicios de streaming quieren que compartas enlaces a tu perfil, playlists y música en su plataforma. También quieren que te veas bien mientras lo haces. Aquí tienes los sitios web de marketing actuales de estos servicios de streaming que te permiten crear banners, widgets y enlaces personalizados para compartir tus lanzamientos en tu sitio web o en las redes sociales.

Apple Music/iTunes tools.applemusic.com
Deezer developers.deezer.com/musicplugins/player
Spotify developer.spotify.com/technologies/widgets/
Tidal embed.tidal.com
YouTube Música developers.google.com/youtube

"Gates"
Un "Gate" es una forma de regalar algo a cambio de una acción. Por ejemplo, puedes ofrecer una descarga gratuita de una canción, un libro electrónico (grin) o cualquier otra cosa de valor a cambio de una acción social como seguir un canal en YouTube, seguir una playlist en Spotify o compartir un tuit, etc. Puedes crear un portal utilizando servicios como show.co o toneden.io

También puedes crear tu puerta contratando a un desarrollador a través de un sitio web como Upwork.com. Como siempre, investiga primero y asegúrate de que tu puerta cumple los términos y condiciones de tu servicio de streaming.

CONSEJO: UTILIZA UNA PUERTA PARA AUMENTAR TUS SEGUIDORES DE SPOTIFY. TE DARÁS CUENTA DE QUE CUANTOS MÁS SEGUIDORES TENGAS, MAYOR CANTIDAD DE STREAMS LLEGARÁN A TRAVÉS DEL RADAR DE LANZAMIENTO.

TIKTOK

TikTok para Artistas

TikTok es una de las plataformas de medios sociales más adictivas de nuestro tiempo. Los artistas tienen la oportunidad de hacer crecer su audiencia aquí de dos maneras.

1. Los usuarios crean vídeos con tu música.
2. Tú creas tus propios vídeos y haces crecer el número de seguidores en tu perfil de TikTok.

Esto es lo que debes hacer cuando te descargues la aplicación por primera vez:

1. Elige un nombre de usuario coherente con tus otras plataformas. A continuación, conecta tus perfiles de YouTube e Instagram para un crecimiento multiplataforma (por ejemplo, @askmikewarner es mi nombre de usuario en las redes sociales, incluido TikTok).
2. Calienta tu cuenta durante unos días antes de empezar a publicar. Utiliza la aplicación como un usuario normal, sigue perfiles y deja comentarios reflexivos sobre el contenido que te gusta. Es importante que hagas esto antes de publicar tu primer vídeo, porque así TikTok conocerá tu cuenta.
3. Publica un vídeo atractivo y de alta calidad pensando en tu público objetivo. Puedes fijarte en algunos de los primeros vídeos de TikTok publicados por artistas similares a ti para inspirarte. Con tus primeras publicaciones, el algoritmo de TikTok estará trabajando para entender quién eres, de qué vas y a quién mostrar tus vídeos de TikTok.
4. Asegúrate de publicar de forma constante, pero no demasiado. A modo de guía, en las dos primeras semanas, publica dos vídeos a la semana en momentos diferentes y observa qué vídeo tiene más engagement. Presta atención a aspectos como la hora de publicación, los hashtags utilizados, el contenido, la calidad y la duración.

Puedes enlazar a una versión web de tu perfil público de TikTok para compartirlo en cualquier lugar. Simplemente utiliza este formato de URL: Si tu perfil de TikTok es @askmikewarner, tu enlace web en TikTok es tiktok.com/ @askmikewarner.

La mayoría de los contenidos de la plataforma se pueden ver en el navegador web sin necesidad de iniciar sesión.

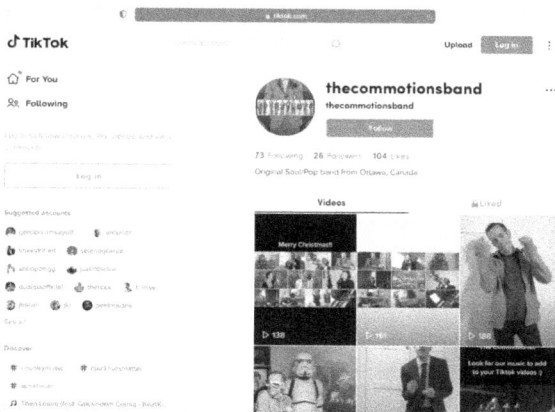

CONSEJO: SI ENCUENTRAS USUARIOS DE TIKTOK QUE CREAN VÍDEOS CON TU MÚSICA, PUEDES GUARDAR O COMPARTIR ESTOS VÍDEOS EN LAS REDES SOCIALES. ES CONTENIDO GRATUITO Y UNA FORMA ESTUPENDA DE DAR LAS GRACIAS AL CREADOR.

Tiempos de inicio de la previsualización de audio de TikTok

¿Alguna vez te has desplazado por TikTok y te has dado cuenta de que siempre se utiliza la parte más pegadiza de la canción? No es casualidad. Cuando se sube música a través de un distribuidor, existe una opción para especificar la hora de inicio de las previsualizaciones de audio. Esto significa que si la gente previsualiza la canción en iTunes o Apple Music, empezará a reproducirse exactamente en el momento en que especificaste que empezara la previsualización. Esto también se aplica a TikTok y es muy valioso si alguien quiere incluir tu canción en su vídeo.

No es ningún secreto que canciones de éxito como Lizzo - La verdad duele tienen una hora de inicio de previsualización muy estratégica. Para los que no estén familiarizados, el clip comienza con "Acabo de hacerme una prueba de ADN, resulta que soy 100% _____".

Preview clip start time
TikTok, Apple Music, iTunes

Let streaming services decide
◉ Let me specify when the good part starts

01 ⬍ : 32 ⬍

Muchos distribuidores permitirán a los artistas ir y actualizar la hora de inicio del clip de previsualización de la música que ya se ha lanzado. Esto evita la necesidad de redistribuir música que ya está en directo.

CONSEJO: ALGUNOS ARTISTAS HAN TENIDO UN ÉXITO SIGNIFICATIVO CON UNA CANCIÓN EN TIKTOK. CUANDO UN CLIP SE HACE VIRAL, LOS USUARIOS EMPIEZAN A BUSCAR LA CANCIÓN QUE UTILIZA. ASEGÚRATE DE HABER AÑADIDO TU LETRA EN LOS SERVICIOS ANTES MENCIONADOS. ALGUNOS ARTISTAS INCLUSO HAN CAMBIADO EL NOMBRE DE UNA PISTA PARA QUE EL TÍTULO DE LA CANCIÓN COINCIDA CON LA PARTE MÁS RECONOCIBLE DE LA LETRA.

FACEBOOK

Facebook está mejorando con las retransmisiones en directo. Sus herramientas de monetización (las Estrellas son su moneda virtual) están mejorando y ahora también tienen retransmisiones en directo de pago. Necesitarás una página de empresa habilitada para retransmisiones en directo de pago. Puedes comprobarlo en tu Creator Studio.

Facebook es genial porque la gente puede establecer recordatorios para tus próximas retransmisiones y compartir tu retransmisión mientras estás en directo. Eso es muy potente. Si no tienes activadas las estrellas en tu página, puedes dirigir a la gente a tu cuenta de Venmo o Paypal. Sólo tienes que estar atento a las propinas entrantes para poder dar las gracias a la gente en la retransmisión.

Puedes utilizar OBS para transmitir a Facebook o utilizar sus herramientas. Yo recomiendo OBS. Tendrás más control sobre todo y podrás utilizar Streamlabs o StreamElements para crear alertas en pantalla cuando a la gente le guste, comparta, dé una propina, etc.

La publicación de cumpleaños en Facebook

No puedo atribuirme el mérito de haber sido el primero en pensar en esto, pero es demasiado brillante como para no compartirlo. Se puede aplicar para promocionar una playlist, una nueva canción o para conseguir seguidores en el perfil de un nuevo artista.

Si se acerca tu cumpleaños en Facebook (no seas descarado y cámbialo), sigue estos pasos.

Ve a Configuración de privacidad, Línea de tiempo y etiquetado, y cambia "¿Quién puede publicar en tu línea de tiempo?" a "Sólo yo".

Publica una nueva foto de perfil con una gran foto tuya. En la descripción de la foto, menciona lo increíble que sería que todo el mundo siguiera tu nueva playlist, guardara tu nuevo single o siguiera tu perfil de artista. La gente recibirá una notificación de tu cumpleaños unos días antes, así que publícala pronto. Recuerda que algunos de tus amigos pueden estar en otros lugares del mundo con distintas zonas horarias.

El día de tu cumpleaños, Facebook notificará a todos tus amigos que es tu cumpleaños. Cuando vayan a publicar en tu muro, no habrá opción de hacer una nueva publicación, por lo que comentarán tu publicación más reciente. En este caso, será tu nueva foto de perfil.

Todos estos comentarios y "me gusta" en tu nueva foto generarán un alto compromiso con tu publicación, lo que significa que aparecerá en más noticias de tus amigos. Ten en cuenta que tu perfil de Facebook es sobre ti, una persona real, así que intenta incluir una historia con la foto para hacerla más interesante. Utiliza una foto tuya en una excursión, por ejemplo, con la descripción "Me siento en la cima del mundo aquí en X montaña y súper emocionado de tener ahora mi música en X, sígueme aquí [enlace]". Si te sientes muy inteligente, utiliza un enlace corto.

YOUTUBE

YouTube está bien si tienes mucha audiencia allí, pero no me parece que YouTube sea tan bueno como Facebook a la hora de avisar a tu audiencia de que estás en directo y, desde luego, los espectadores no pueden compartir la retransmisión dentro de YouTube. El directorio general de transmisiones en directo de YouTube ahora es difícil de encontrar y bastante escaso. Es probable que no aparezcas en él y tengas que promocionar la retransmisión por tu cuenta.

YouTube tiene algunas opciones de monetización: Suscripciones ("membresías"), Super Chat (fijar un comentario de chat en la parte superior del chat) y Super Stickers (emoji). Tienes que reunir los requisitos para cada una de ellas y no es fácil a menos que tu canal ya tenga muchos suscriptores y visitas.

Si vas a estrenar un vídeo en YouTube, te recomiendo que hagas una retransmisión en directo para generar expectación. Incluso puedes configurar tu transmisión para que envíe a todos los espectadores al estreno del vídeo una vez que la transmisión haya terminado. Está un poco escondido en las opciones de configuración de la retransmisión en directo. Programa una retransmisión con YouTube Studio, luego ve a la pestaña Contenido de YouTube Studio, haz clic en Directo, luego en tu retransmisión programada, y desplázate hacia abajo y haz clic en Mostrar más para ver todos los ajustes avanzados.

Puedes retransmitir directamente desde YouTube Studio, pero te recomiendo que utilices OBS para tener más control sobre tu presentación visual y poder añadir funciones de Streamlabs y StreamElements.

Los canales de YouTube pueden aumentar tus seguidores

Hay algunas marcas en YouTube con millones de seguidores. Estos canales son el resultado de un solo curador, o de un equipo de curadores que dedican incontables horas a buscar música increíble, a interactuar con su audiencia y a crear un grupo de seguidores orgánicos. Estos canales se han ganado una gran confianza subiendo buena música. No es de extrañar que muchos de estos canales de YouTube se hayan adentrado en el mundo de las discográficas.

Dado que estos canales de YouTube están lanzando sus propios sellos discográficos, tiene sentido que estén ganando seguidores en los servicios de streaming de música, especialmente con sus propias playlists. Hay dos formas en que los canales de YouTube están promocionando sus playlists y su perfil.

"Gates" en YouTube

Muchos de estos canales de YouTube también ofrecerán una descarga gratuita de una canción e incluirán su playlist en la entrada. Pregúntales amablemente si también pueden añadir tu enlace de streaming. Dado que el destinatario de la descarga gratuita ya ha decidido que quiere tu canción y le gusta el canal en el que la descubrió, seguirte en un servicio de streaming de música no debería ser un problema. Ellos obtienen música gratis, tú consigues un nuevo fan y el canal aumenta sus seguidores en otro servicio.

Establecer contacto

Los mejores métodos para ponerse en contacto con los propietarios de canales de YouTube pueden variar. Aquí tienes algunas sugerencias sobre cómo establecer el primer contacto:

- En la página Acerca del canal de YouTube, habrá un botón para "ver la dirección de correo electrónico" si han decidido incluirla.
- Busca la página de fans del canal en Facebook. Si están abiertos a recibir mensajes, puedes ponerte en contacto con ellos.
- Si el propietario del canal tiene una cuenta de Twitter con DMs abiertos, también puedes intentar enviarle un mensaje.

Antes de ponerte en contacto con ellos, echa un vistazo al perfil del curador para ver si mencionan un proceso de envío. Si dicen que "sólo se aceptan envíos por correo electrónico", respeta sus deseos. No te cueles en sus mensajes de Twitter.

El truco para ganar seguidores en YouTube

Este es un truco muy sencillo para animar a los nuevos visitantes a suscribirse a tu canal de YouTube a través de una ventana emergente. Ten en cuenta que hacer clic en Suscribirse requiere la misma cantidad de energía que cerrar la ventana emergente. Aunque no todo el mundo se suscribirá cuando se le pida, si se lo pones más fácil tendrás más posibilidades.

Para crear un enlace, sólo tienes que tener una URL de YouTube existente, como por ejemplo

http://www.youtube.com/askmikewarner

Ahora simplemente añade ?sub_confirmation=1 al final de la URL:.

http://www.youtube.com/askmikewarner?sub_confirmation=1

Lo más probable es que ya te hayas suscrito a tu canal de YouTube, lo que significa que si pruebas la URL de seguimiento con ? sub_confirmation=1 incluida la ventana emergente no se mostrará. Puedes evitarlo abriendo una pestaña privada en tu navegador e introduciendo la URL. Si esto no funciona, puedes cancelar la suscripción a tu canal y luego probar el enlace para ver la ventana emergente Suscribirse

En cualquier lugar donde compartas el enlace a tu canal de YouTube, puedes utilizar la URL completa para aumentar tus seguidores. Añádela a tu sitio web, firma de correo electrónico, publicaciones en redes sociales y perfiles. Cada vez que compartas el enlace a tu canal, utiliza esta nueva URL en su lugar.

Si la nueva URL es un poco larga, recuerda que puedes utilizar un acortador de URL.

INSTAGRAM

Instagram sólo mostrará tu stream a tus seguidores. No hay forma de promocionar un stream con antelación, aparte de hacer una publicación regular. Si retransmites desde tu teléfono, te recomiendo que te hagas con un dispositivo iRig o similar para poder conectar tu interfaz de audio directamente y no tener que depender del micrófono de tu teléfono.

Hay algo de monetización en Instagram, pero es mínima. El chat pasa volando y puede ser difícil de seguir. En general, no soy un gran fan de la retransmisión en directo en Instagram, pero si tienes mucha audiencia allí, merece la pena tener ese punto de contacto directo con ellos.

¡Puedes utilizar OBS para transmitir a Instagram! Utiliza un servicio como Yellowduck.tv. Perderás algunas funciones, como que no guardará tu transmisión en IGTV, pero puedes guardar la transmisión en tu ordenador y subirla más tarde manualmente.

THREADS

Threads es una nueva aplicación desarrollada por la empresa matriz de Facebook, Instagram y WhatsApp. La interfaz de esta plataforma se parece a la de Twitter, con un feed compuesto principalmente por publicaciones basadas en texto, aunque los usuarios también pueden compartir fotos y vídeos.

Al igual que en Twitter, los usuarios pueden responder, reenviar y citar las publicaciones de otros en Threads. Sin embargo, la aplicación también incorpora elementos del actual sistema estético y de navegación de Instagram, y permite compartir directamente las publicaciones de Threads en Instagram Stories.

Según Meta, los mensajes publicados en Threads tendrán un límite de 500 caracteres.

TWITTER (X)

El truco para ganar seguidores en Twitter (X)

Simplemente utilizando un enlace de compartir diferente puedes mostrar una solicitud a los usuarios para que te sigan en Twitter.

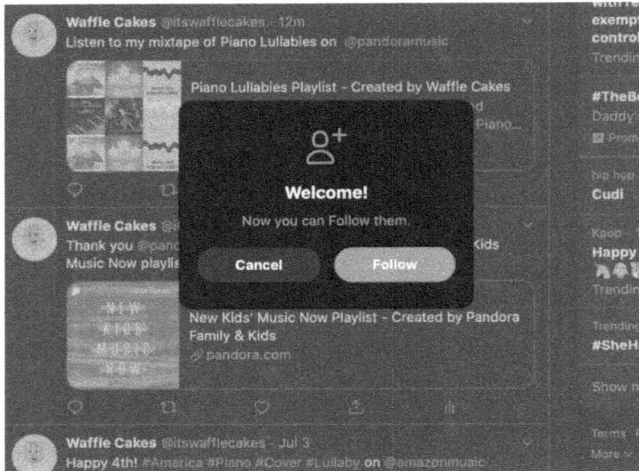

A continuación te explicamos cómo hacerlo.

Toma la siguiente URL y sustituye USERNAME por tu nombre de usuario de Twitter.

https://twitter.com/intent/user?screen_name=USERNAME   Por   ejemplo,   si @itswafflecakes es el nombre de usuario de Twitter,

elimina la @ y utiliza la siguiente URL.

https://twitter.com/intent/user? screen_name=itswafflecakes

Cuando la gente haga clic en ella, aparecerá una ventana emergente con una de dos opciones: Cancelar o Seguir. Esperamos que la facilidad de hacer clic te permita conseguir más seguidores con este sencillo método.

TWITCH

La música era una categoría en crecimiento en Twitch antes de la pandemia y ha explotado absolutamente desde entonces. Puede parecer que está saturado ahora, pero me dicen los artistas que todavía son capaces de unirse y construir canales con éxito.

Empezarás como miembro de la Comunidad (sin monetización, pero puedes hacer livestreaming) y ascenderás hasta Afiliado. Una vez que tenga 50 seguidores, al menos 3 espectadores simultáneos de media y un número mínimo de retransmisiones en directo, se convertirá en afiliado y podrá cobrar suscripciones por su canal, los espectadores podrán darle Bits (moneda virtual) y los espectadores podrán ganar Puntos viendo, suscribiéndose y, en general, participando en su retransmisión. Usted puede determinar lo que los espectadores ganan con los Puntos. También puede diseñar sus propios emoji (llamados "emotes") que los espectadores pueden utilizar en el chat de su canal y en otros. Esta es una herramienta importante para crear marca y comunicarse con su audiencia, ya que el chat es la principal forma de "hablar" con sus espectadores y crear comunidad.

El siguiente paso es asociarse. Se necesita mucho tiempo y métricas de crecimiento para ganar Partner, y ni siquiera está garantizado cuando las alcance. El principal beneficio de convertirse en socio es que obtiene más emotes y que Twitch puede ofrecerle apoyo promocional. Está bien conseguirlo, pero desde luego no lo necesitas para hacerlo bien en Twitch.

Consejo profesional:

Si eres un artista razonablemente establecido con un buen número de seguidores, pida a su manager que se ponga en contacto con Twitch para ver si pueden ascenderle rápidamente a Afiliado o Socio o incluso pagarle por retransmitir. Twitch hace acuerdos de contenido de pago con artistas que pueden comprometerse a unas 25 horas de streaming al mes y llevar a su audiencia a Twitch.

Para crear audiencia de forma significativa y obtener ingresos en Twitch como artista independiente, tendrá que retransmitir al menos 3-5 días a la semana, 2-4 horas por retransmisión. Los artistas que he visto crecer de verdad en Twitch retransmiten un mínimo de 15-20 horas a la semana. Que no cunda el pánico. No todo es rendimiento. Lo normal es que transmita media docena de canciones o así por hora porque dedicará tiempo a leer el chat y a responder al público. Esto es súper importante porque Twitch no es sólo una plataforma de contenidos, es una plataforma comunitaria. Lo que realmente estás

haciendo es crear un espacio donde a la gente le gusta pasar el rato, y usted es el líder de ese espacio.

Es increíblemente importante conocer a los otros streamers y apoyarlos. Los streamers de música en Twitch son muy buenos en la "coopetición": verán a otros streamers, se suscribirán a ellos e incluso los "asaltarán" cuando termine su stream (enviando a toda tu audiencia a otro stream a la vez) y, a su vez, esos streamers les devolverán el apoyo. La comunidad de streamers musicales es muy auténtica y orgánica. Es importante que encuentres a otros streamers que te gusten de verdad, veas sus streamings y formes parte de sus comunidades. La falsedad y la autopromoción son muy obvias y desagradables en Twitch. Busca a otros streamers que te gusten y con los que también creas que compartirías audiencia; por ejemplo, si ellos te hicieran una incursión o tú les hicieras una a ellos, ¿se quedarían al menos la mitad de los incursores durante una hora? Eso es una incursión de éxito.

Otro secreto para crecer en Twitch es Discord. Discord es una plataforma independiente de Twitch que muchos streamers utilizan para hablar con sus fans entre retransmisiones. Puedes crear un servidor (¡es gratis!) en Discord e invitar a los fans a unirse a tu servidor, donde crearás un montón de tablones de mensajes sobre diversos temas. Incluso puedes crear canales de voz y vídeo para hablar o hacer videoconferencias con los fans. Únete a los Discords de otros streamers para ver cómo lo usan y conocerlos mejor a ellos y a sus comunidades.

Twitch es MUCHO, ¿verdad? Si todo eso es demasiado, elige una plataforma en la que ya tengas audiencia y retransmite allí.

REDDIT

Reddit es el extraño caballo negro de las plataformas de livestreaming. No hay monetización, pero no hay tanta gente retransmitiendo en ella, así que no es tan difícil conseguir audiencia si eres constante, y las audiencias pueden ser de miles, muchas más de las que conseguirías en Twitch con el mismo esfuerzo. Si publicas tu Venmo o Paypal, es probable que consigas propinas.

Saldrás en directo desde tu teléfono utilizando la aplicación Reddit o saldrás en directo desde tu ordenador utilizando RPAN (Red de Acceso Público a Reddit). RPAN es una descarga de software gratuita y funciona de forma muy parecida a OBS. Puedes encontrar información sobre cómo retransmitir en directo en Reddit en https://www.reddit.com/r/pan/wiki/index.

Plataformas con venta de entradas

Hay muchas opciones de plataformas de retransmisión en directo con entrada, y cambian constantemente, así que no las repasaré aquí. En general, te recomiendo que hagas livestreaming gratuito en una de las plataformas mencionadas anteriormente y que reserves las retransmisiones de pago para eventos especiales. El objetivo de la retransmisión en directo es crear una comunidad, hacer que tus fans se acostumbren a verte actuar y ofrecerles un lugar donde pasar el rato. Para ello, la gratuidad es una estrategia diaria mejor que la venta de entradas.

Más información sobre Karen en twitchformusicians.com

Utiliza tu teléfono como webcam

Muchos de nosotros estamos "en directo" ahora mismo. Ya sea organizando seminarios web, actuando, jugando, asistiendo a reuniones o simplemente chateando. Seamos realistas: la cámara web de la mayoría de nuestros ordenadores es un asco y la calidad no da para más.

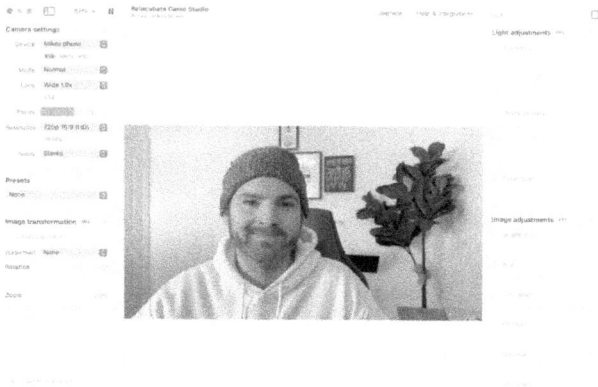

Mientras grababa un montón de vídeos para mi curso en línea me di cuenta de que la calidad de la webcam de mi viejo MacBook era bastante mala, por no mencionar que había problemas con la sincronización del audio y la iluminación. Terminé utilizando mi teléfono para grabar, usando el flash para iluminación adicional. Así conseguí vídeos de mucha más calidad.

Esto me hizo pensar. Si los teléfonos tienen cámaras de mucha más calidad que nuestros ordenadores, ¿por qué no podemos usar nuestro teléfono como webcam? Así que me puse a buscar.

Resulta que si tienes un teléfono por ahí, aunque sea antiguo y ya no lo uses, puedes utilizarlo como webcam. Es tan fácil como conectarlo al ordenador y descargar una aplicación gratuita.

La aplicación que encontré y que ahora utilizo en lugar de mi webcam se llama Camo. Tiene una versión gratuita, que es la que utilizo actualmente. La versión gratuita proporciona una resolución de 720p y simplemente requiere descargar la aplicación en tu PC o Mac y iPhone (Android próximamente), y luego conectar los dos con un cable Lightning a USB (incluso un cable de terceros funciona).

He probado esto con Twitch Studio, Zoom, StreamYard, Google Meet y un puñado de otros productos livestream y funciona sin esfuerzo. La calidad de vídeo es tan buena que he vendido mi Logitech Brio y ahora utilizo mi iPhone X como cámara web. Lo que es realmente genial es que si tienes varios iPads o iPhones viejos por ahí, puedes conectarlos todos y esencialmente cambiar entre diferentes "cámaras". Se ve muy bien, y también es una manera impresionante de encontrar un nuevo uso para esos viejos dispositivos.

Mi esperanza al compartir esta información es ayudar a cualquier persona que ha sido reacios a ir en vivo debido a la calidad de su configuración existente y ayudarles a empezar a transmitir.

Hype Machine

Hype Machine existe desde 2005 y muchos de mis colegas la siguen utilizando para encontrar música nueva que aún no ha llegado a los servicios de streaming. Las clasificaciones de Hype Machine extraen datos de cientos de blogs musicales activos y los formulan en listas. Todas las canciones se incrustan desde enlaces de SoundCloud, lo que significa que los artistas pueden subir música a SoundCloud incluso antes de que se publique, lo que permite a un blog "estrenar" la canción.

También es un hecho poco conocido que algunos miembros del equipo editorial de los servicios de streaming también están suscritos a varios blogs de música y miran a Hype Machine para encontrar nuevos artistas que necesitan ser descubiertos. Personalmente, he visto que algunos artistas que aparecen en las listas de Hype Machine se añaden a listas de descubrimiento populares como "Fresh Finds" la semana siguiente. Aunque esto no es una garantía, es seguro decir que estar en Hype Machine aumentará al menos tus posibilidades de que la gente adecuada escuche tu música.

La única forma de aparecer en Hype Machine es enviándoles un mensaje. La única forma de que tu canción aparezca en el sitio es que uno de estos blogs escriba sobre ella: https://hypem.com/sites.

Si te animas, puedes repasar la lista anterior y trabajar con cada uno de los blogs, poniéndote en contacto con ellos de forma individual e intentando que echen un vistazo a tu canción. Ten en cuenta que hay muchos artistas que utilizan el mismo método, así que por cada 200 correos electrónicos que envíes, puede que obtengas 5 respuestas y posiblemente sólo un artículo en un blog. Si esto no te destroza el alma, te recomiendo encarecidamente que te tomes el tiempo necesario para hacerlo.

En SubmitHub, también tienes la opción de filtrar los blogs, por género, así como ver sólo los blogs que están en Hype Machine. Esto significa que ahora sólo te centrarás en los blogs que podrían añadirte a Hype Machine (si escriben sobre tu música).

Gana dinero como curador

Si ya tienes una playlist con seguidores, es probable que la gente se ponga en contacto contigo en las redes sociales o te envíe su música por correo electrónico. ¿Por qué no ganar algo de dinero, de forma ética, mientras escuchas lo que te envían? A continuación encontrarás una lista de sitios web en los que puedes inscribirte como curador y recibir un pago por escuchar las propuestas y hacer comentarios constructivos y útiles.

SubmitHub: Este servicio basado en créditos, con opciones gratuitas y premium, permite a quienes envían música elegir a curadores concretos a los que enviársela. Como curadores, se te paga por escuchar cada envío premium y dar tu opinión en un plazo de 48 horas.

Playlist Push: Por una tarifa variable, en función del género y el número de curadores, Playlist Push ofrece campañas de pago para lanzamientos de artistas. Los curadores tienen dos semanas para responder y se les hace un seguimiento exhaustivo para asegurarse de que sus playlists atraen a los oyentes. A los curadores se les paga más por cada revisión en función de su número de seguidores, de oyentes comprometidos, del valor de los comentarios y del tiempo que dejan una canción en su playlist. Playlist Push también permite a los creadores de TikTok registrarse y cobrar por crear contenidos para TikTok.

SoundMachine:

Empresa de servicios de música de fondo que suministra música a las principales cadenas de moda, hoteles, restaurantes y cafeterías, así como a pequeñas empresas. Los creadores pueden inscribirse y poner sus playlists a disposición de las tiendas reales y cobrar por ello. Los artistas que aparecen en sus playlists también se benefician de la exposición potencial y de los ingresos derivados de la difusión en las tiendas. Los curadores pueden inscribirse en https://sound-machine.com/registermusiccurator para obtener más información.

Tenga cuidado con los sitios web que le sugieren que acepte un pago para garantizar la inclusión de una canción. Esto es playola. No lo hagas. Entraremos en más detalles en el capítulo Payola vs Playola.

El poder del correo electrónico

Contribución de Cheryl B. Engelhardt

Si bien tienes trabajo que hacer reclamando cuentas, dirigiéndote a curadores y demás, también hay otra vía por la que podemos ir: tus fans. Más concretamente, tu lista de fans (lista de correos electrónicos).

La gente tiene tres veces más probabilidades de hacer clic en un enlace de un correo electrónico que en las redes sociales, lo que convierte a tu lista de correo electrónico en un terreno privilegiado para compartir los enlaces de streaming de tus artistas y dejar que tus fans hagan mella en tus cifras de streaming.

He aquí algunas estrategias, específicamente en torno a la utilización de su lista de correo electrónico (no importa cuán grande o pequeño!) Para utilizar el gran material en este libro:

Consejos profesionales para el correo electrónico

1. Utiliza líneas de asunto breves y que despierten la curiosidad. Deje el resto para el cuerpo del mensaje. La función de la línea de asunto es conseguir que abran el correo electrónico.

2. Una vez abierto, asegúrate de que sólo les pides que hagan una cosa. Envíeles a un enlace. Háblales de una plataforma en la que quieres que te sigan. Asegúrate de que ese enlace aparezca en varios lugares del mensaje, incluso en la primera parte, para que no tengan que desplazarse para encontrarlo. Si tu proveedor de correo electrónico lo permite, también puedes añadir una imagen que dirija al enlace o un botón. Me gusta ver cuatro ubicaciones de tu enlace.

3. No tengas miedo de enviar más de un correo electrónico a la semana sobre lo mismo. Puedes cambiar el contexto. Por ejemplo, si aprovechas la semana para centrarte en Spotify, invita a la gente a seguirte en el primer correo y explica que tu nueva música acabará en su radar de lanzamientos. El segundo mensaje puede ser una invitación a escuchar una canción concreta. Si tienes una canción que sería bueno escuchar un fin de semana...
Quizás una canción alegre, del tipo "suéltate el pelo". Envíala un viernes y anima a tu público a escucharla durante el fin de semana.

4. Si aún no tienes una lista o no sabes por dónde empezar, no pasa nada. Sólo tienes que ver un par de vídeos sobre la plataforma de correo electrónico que hayas elegido (más información al respecto más adelante) para tener un lugar donde recopilar legalmente los correos electrónicos de las personas que quieren saber de ti. La mejor plataforma de correo electrónico para ti es la que domines y utilices.
Si te parece abrumador enviar aunque sólo sea un boletín al año, no te estreses. Yo te ayudaré.

En primer lugar, borremos "newsletter" de nuestro vocabulario. Los boletines de noticias son anticuados e ineficaces, sobre todo porque ahora estamos en un mundo en el que las redes sociales nos han condicionado a esperar el post de un solo tema. Vemos una foto, hay un pie de foto sobre esa foto, y seguimos. El correo electrónico es la misma idea: puede que tengas muchas cosas que decir y eso está bien, pero si tienes diferentes llamadas a la acción, entonces lo mejor es dividir esos temas en diferentes correos electrónicos. El enfoque es su amigo cuando se trata de marketing por correo electrónico. (Véase el punto 2 anterior).

He aquí una forma de ver el correo electrónico paso a paso. A continuación, nos centraremos en la logística y la tecnología. Por último, abordaremos cómo hacer crecer las listas de correo electrónico, cómo captar clientes y, finalmente, cómo monetizarlos.
Pensemos en el correo electrónico en S.T.A.G.E.S. (Qué buen acrónimo para los músicos, ¿verdad?)

Estrategia: ¿Por qué quieres una lista de correo electrónico? ¿Cómo crees que la conexión regular con tus fans apoyará tu carrera? Si no sabes la respuesta a esta pregunta, cualquier correo electrónico que envíes te parecerá que estás tirando espaguetis a la pared a ver qué se pega. Esta no es una etapa que requiera mucho tiempo: Una estrategia no es un largo plan de negocio. Es saber lo que quieres y, a continuación, elegir las acciones para conseguirlo. Lo que nos lleva a la siguiente fase:

La tecnología: La tecnología de una lista de correo electrónico fácil y sin problemas puede ser un bloqueo importante para muchos de nosotros, pero con sólo unos minutos en Youtube después de elegir su plataforma, usted puede estar en funcionamiento. Su plataforma de correo electrónico es el programa que utiliza para atraer a nuevos suscriptores y automatizar el envío de contenido y actualizaciones constantes. Recomiendo Kajabi para una experiencia todo incluido. Mailchimp, Active Campaign y Mailerlite también son excelentes, pero hay docenas más para elegir. Una vez más, la mejor plataforma de correo electrónico para ti es la que domines y utilices.

Atracción: Esta es la etapa en la que tu tecnología está totalmente configurada y estás listo para atraer a las personas adecuadas. En esta etapa, estás pensando en cómo hablar de tu lista de correo electrónico y dónde lo harás. ¿Ofreces un paquete de canciones gratis a cambio de un correo electrónico? ¿Un código de descuento para tu tienda? Me gusta dar algo a los suscriptores cuando se registran por primera vez. Es un gesto que dice: "Valoro tu correo electrónico y que me lo des. Aquí tienes un regalo a cambio". No te obsesiones con lo que les das. Recuerda que lo que cuenta es el gesto. Asegúrate de que sea algo fácil de consumir, es decir, que no sea un libro entero o un vídeo de una hora.

Una vez que hayas puesto en marcha el formulario de envío en una página que explique lo que la gente va a recibir cuando se inscriba, es hora de poner ese enlace en todas partes, incluyendo:

- Tu firma de correo electrónico.
- En las secciones "Acerca de" y "Biografía" de tus perfiles en las redes sociales.
- En la descripción y la sección de comentarios de todas las retransmisiones en directo que hagas.
- Y, por supuesto, ¡habla de ello en persona y en cualquier vídeo o actuación en directo que hagas! La gente no conocerá tu lista de correo electrónico hasta que no se entere.

Crecimiento: Esta es el área que puede causar otro gran bloqueo: una vez que tienes a tus amigos y familiares en tu lista, ¿entonces qué? ¿Cómo se expande más allá de su propio mundo en las redes sociales para hacer crecer esa lista de correo? Hay muchas formas de hacerlo, pero por ahora me centraré en tres:

La primera es hacer promoción cruzada con otros músicos que también tengan listas de correo. Cada uno puede enviar un correo electrónico a sus propias listas diciendo algo así como "Oh, hola, conocí a este gran músico y está regalando una de sus canciones - aquí está el enlace". Siempre que sepas que tienen un buen sistema de listas de correo electrónico, estarás proporcionando a tus suscriptores un gran contenido y el otro artista estará haciendo lo mismo, al tiempo que te envía nuevos fans potenciales.

La segunda forma es publicar anuncios. Se trata de otro tipo de marketing, pero los anuncios en Facebook, Instagram y Spotify que dirigen a los usuarios a un enlace corto (un enlace fácil de recordar y de pronunciar) que les permite suscribirse son una buena forma de hacerlo.

La última forma que me gusta para ampliar mi lista es a través de asociaciones de marca. Puede ser con un local en el que toques, con una marca que utilices o con una empresa de equipos con la que estés relacionado. Una buena forma de empezar es pedirles que destaquen tu oferta gratuita a cambio de lo que necesiten.

Compromiso (engagement): Una vez que hayas conseguido que la gente se dirija a tu formulario de registro y se suscriba, es importante recordar este punto clave: Los nuevos miembros de tu lista no son necesariamente fans. Son suscriptores. Es su trabajo, a través del contenido de su correo electrónico, convertirlos en fans. En eso consiste el compromiso.

Soy un gran fan de la automatización, es decir, de los correos electrónicos que se envían automáticamente en función del comportamiento del suscriptor. Este es un gran sistema para configurar porque usted no tiene que estresarse cada mes sobre el envío de ese "boletín de noticias" o de difusión. Tus suscriptores viajarán contigo, aunque te secuestren los extraterrestres. ¡Genial!

Lo más importante es tener una gran serie de bienvenida configurada para que pueda establecer fácilmente las expectativas y darles un gran contenido para mantenerlos en su lista a largo plazo. A continuación, puede configurar una serie de crianza (correos electrónicos que cuentan historias y hacer que se interesen en su viaje y su

tu oficio). Ten claro lo que vendes y cuándo lo venderás. (Yo las llamo series RISE).

Se necesita un poco de tiempo para organizarse, obtener esquemas, y obtener la escritura a todas estas series están configurados, pero una vez que son, estás rodando en la magia de correo electrónico.

Vender: La monetización de su lista e incluso la promoción de su música y sitios de streaming son todas las cosas que desea abordar en esta etapa de correo electrónico. La promoción no significa necesariamente que estés vendiendo algo.

Por ejemplo, crear una serie de correos electrónicos en torno a seguirte en Instagram o Spotify tendrá una estrategia similar a animar a la gente a pre-ordenar un nuevo álbum: hay algo importante para ti que te ayudará a lograr un objetivo, y tienes una acción específica que te gustaría que el lector tomara. Estos correos electrónicos son diferentes de los correos electrónicos de nutrición, en los que compartes historias de tu viaje y no hay necesariamente una acción que realizar.

No queremos causar fatiga de promoción, cuando siempre estamos pidiendo a nuestros fans que hagan algo. Por eso queremos tener claro nuestro objetivo y la ÚNICA acción principal que necesitamos que realicen para ayudarnos a conseguirlo. **El correo electrónico es una de las herramientas más infrautilizadas** en la caja de herramientas de un músico, y los datos muestran que no va a ninguna parte pronto. Si acabas de empezar, es el momento perfecto para crear una lista de correo electrónico y hacer partícipe a la gente del crecimiento de tu carrera musical. Si has publicado un montón de música, tienes toneladas de contenido esperando a ser compartido con tus futuros suscriptores. Si ya tienes una lista de correo electrónico, aún mejor.

Averigua en qué área de las playlists quieres centrarte primero y lleva a tus fans a esa parte de tu carrera musical. Explícales por qué es importante para ti. Querrán subirse al carro y ayudarte.

Lo peor que puede hacer un músico es hablar a sus fans de su gran objetivo pero no tener una respuesta a "¿Cómo puedo ayudar?". Prepárate con tu llamada a la acción específica, y prepárate para gritarla a los cuatro vientos. O al menos a través de un correo electrónico.

Más información sobre Cheryl en https://www.inthekeyofsuccess.com/

¿Por qué no funcionan tus pitchs?

¿Alguna vez se ha preguntado por qué sus propuestas por correo electrónico no reciben una respuesta positiva, o ninguna respuesta en absoluto? Estos son ejemplos de correos electrónicos reales enviados a personas reales.

No incluye un enlace
Si la gente tiene que hacer CUALQUIER trabajo adicional para encontrar tu canción, ya has perdido. Si ya están leyendo tu correo electrónico, incluye un enlace y pónselo fácil.

Esto, por supuesto, en el supuesto de que ya hayas enviado un correo electrónico al destinatario con anterioridad. Siempre aconsejo a los artistas que no envíen enlaces en el primer correo electrónico. En su lugar, pida permiso para enviar música y pregunte al curador si tienen un proceso de presentación. Si sigues su proceso y respetas su bandeja de entrada, puede que en el futuro tengas más éxito a la hora de conseguir que se fijen en tu música.

Enviaste un correo electrónico para demasiadas personas al mismo tiempo

Si estás presionando para estrenar un blog y decirle a alguien que le has enviado tu tema primero porque es especial, envíale un correo electrónico individual y personal. Si se le envía una copia, es obvio que no es el único destinatario. Es imposible sentirse "especial" cuando eres uno de los 100 destinatarios. Además, acabas de compartir una lista de direcciones de correo electrónico que pueden ser personales y que, sin duda, recibirán una gran cantidad de spam si caen en las manos equivocadas.

Charla trivial

¿Y si el destinatario está enfermo o atraviesa una crisis personal? Incluso podría encontrarse en una zona afectada por inundaciones o condiciones meteorológicas extremas. Esto puede parecer desconsiderado. Evita las conversaciones triviales, como preguntar a alguien cómo está su familia o su salud. Eso está bien si ya sois amigos, pero es un poco incómodo en contactos en frío y correos electrónicos de seguimiento.

Ir al grano y saltarse la cháchara permite al lector llegar antes a la música y aumenta las posibilidades de que haga clic y escuche.

Adjunta archivos

No todos hemos sido bendecidos con alta velocidad, datos ilimitados o mucho almacenamiento en nuestros dispositivos para los correos electrónicos. Si adjuntas un archivo MP3 o una película, estás obligando al destinatario a descargar tu canción sin darle opción. Esto ralentiza su correo electrónico y probablemente hará que lo borre una vez que haya terminado de descargarse. Personalmente, conozco a gente que bloquea los correos electrónicos con archivos adjuntos grandes, lo que significa que es posible que tu correo llegue a su bandeja de entrada.

Un enlace de streaming con descargas habilitadas es mucho más aceptable. Puede ser un enlace de SoundCloud o DropBox en el que el destinatario pueda hacer clic, reproducir y descargar si lo desea.

Dígales dónde colocar su canción

Los curadores tomarán ellos mismos la decisión. Esto puede tomarse como un insulto si les dices dónde colocar tu canción. Como mínimo, es de mala educación. Déjales que escuchen y decidan si encaja y dónde. Tu objetivo es que la escuchen.

Lo que buscan los curadores

Una pregunta habitual que veo en las redes sociales es "¿Cómo eliges la música que entra en tus Playlists?". He visto esta pregunta muchas veces en Internet y quiero compartir mi respuesta contigo.

No puedo hablar por todos, pero para mí se trata de gustos personales. Para mí, como curador, la elección de la música se reduce a unas pocas cosas:

- Calidad de producción. ¿Está masterizada? ¿Suena bien cuando se reproduce junto a las demás canciones de la lista?
- ¿Es una buena canción? ¿Hay algo que la haga destacar, ya sea que esté bien escrita, que cuente con un vocalista increíble o que tenga una gran historia?
- ¿Encajará en alguna de mis playlists actuales? Si una canción pertenece a un género totalmente distinto al de otras canciones, no se puede añadir.
- Contenido explícito. Aunque me parece bien añadir canciones con contenido explícito en algunas playlists, esto puede ser un impedimento para algunos curadores. Considera la posibilidad de tener una versión limpia de tu canción como alternativa. Tu distribuidor debería poder hacerlo por ti.

Escucho toda la música en el orden en que me la envían. Personalmente, no leo carpetas de prensa, biografías ni busco al artista en las redes sociales. No me importa si un artista tiene 100 streams o 1 millón de streams. Si me gusta la canción, la añado.

CONSEJO: CABE SEÑALAR QUE DESDE LA PRIMERA EDICIÓN DE WORK HARD PLAYLIST HARD, ME HE ALEJADO DE LA SELECCIÓN DE PLAYLISTS. AHORA ME CENTRO EN EDUCAR A LOS ARTISTAS A TRAVÉS DE ESTE LIBRO Y EN HACER CRECER NUESTRA COMUNIDAD EN LÍNEA EN WORKHARDPLAYLISTHARD.COM.

Crear un documento
Contribución de Kelli-Leigh

No importa en qué punto te encuentres con tu música, nunca es tarde para organizarse. Haz una hoja de cálculo de tu catálogo que incluya toda la información clave sobre cada canción que has creado. Te ahorrará mucho tiempo y energía en el futuro.
Supongamos que un día cambias de distribuidor. Tendrás que transferir tu catálogo a un nuevo distribuidor, que necesitará todos los códigos ISRC y UPC. También puedes incluir en la hoja de cálculo enlaces al lanzamiento (archivos de canciones, material gráfico, notas). Disponer de una hoja de cálculo actualizada con todos los lanzamientos, códigos de producto e información sobre los creadores (autores y colaboradores) te permitirá ir un paso por delante cuando necesites consultar tus datos.
Conecta con Kelli-Leigh en https://www.kelli-leigh.com/

Inteligencia artificial

Aunque algunos duden en aceptarla, la Inteligencia Artificial (IA) ha revolucionado varias industrias, y la música no es una excepción. La IA se ha hecho cada vez más popular entre los creadores musicales, ya que les proporciona un sinfín de ventajas, como la generación de ideas para canciones, la creación de ilustraciones y la redacción de lanzamientos.

La IA puede ayudar a los artistas a generar ideas para sus canciones, proporcionándoles un punto de partida para sus composiciones. Por ejemplo, MuseNet y Amper Music son herramientas potenciadas por la IA que pueden generar melodías, armonías, progresiones de acordes e instrumentación únicas que los artistas pueden utilizar para crear temas cohesivos y convincentes. Esta tecnología puede ayudar a los artistas a superar bloqueos creativos y a generar nuevas ideas que no se les habrían ocurrido por sí solos.

La IA también puede ayudar a los artistas a crear material gráfico para sus lanzamientos musicales. Herramientas como Artbreeder, Canva y Deep Dream Generator pueden generar imágenes digitales basadas en palabras clave o estilos visuales específicos. Esta tecnología permite a los artistas crear imágenes llamativas que capten la esencia de su música y conecten con su público. El material gráfico resultante también puede utilizarse para promoción y merchandising.

Otro uso de la IA para los artistas musicales es la redacción de discursos. La IA puede ayudar a los artistas a generar propuestas de alta calidad que sean únicas y pegadizas. Mediante el análisis de la música, las letras y la marca en general del artista, las herramientas basadas en IA pueden ofrecer sugerencias para una bio eficaz que ayude a los artistas a conseguir más actuaciones y colaboraciones. Incluso puedes especificar que escribas el pitch de una canción en 500 palabras o menos para asegurarte de que se puede utilizar en Spotify para artistas.

En el momento de escribir este libro, la IA es todavía muy nueva y seguirá desarrollándose. Por favor, mantén la mente abierta y ten en cuenta que la intención no es sustituir a los artistas, sino ser un potente colaborador. A medida que la tecnología de IA siga evolucionando, podemos esperar herramientas más innovadoras que ayuden a los artistas a mejorar su creatividad y agilizar su flujo de trabajo. Con la tecnología de IA, los artistas musicales pueden llevar su arte a las masas de forma más eficiente, al tiempo que exploran nuevas posibilidades creativas.

Marca e identidad

Contribución de Ryden

La marca lo abarca todo, desde su firma musical hasta su estética visual. Es una parte clave de tu estrategia que te ayudará a destacar. Visual y sonoramente, tu música debe parecerse y sentirse como tú.

¿Quién es ese "tú"? Debería empezar por la música. A estas alturas, es probable que ya se haya decidido por un determinado estilo de música. Si no es así, tómate tu tiempo. Es una gran decisión que determinará tu trayectoria, tu género e incluso tu sector. Tendrás que examinar tus influencias, averiguar qué te apasiona y experimentar cientos de veces para ver qué es lo que realmente vibra contigo. Luego, si eres como yo, es probable que saques algo de música y vuelvas a cambiar de opinión.

Una vez que hayas descubierto tu marca sonora, pasa a tu identidad visual. Esto puede incluirlo todo, desde tu estilo de moda y paleta de colores hasta tu imagen en las redes sociales y tu logotipo. Debe ayudar a dar vida a tu música. Si es necesario, incorpora a gente en esta fase para que te ayude a ilustrar tu visión. Un buen diseñador de logotipos, un artista gráfico, un fotógrafo e incluso un estilista te llevarán muy lejos.

Por último, una parte mucho más elusiva de su marca será su mensaje. Haz un examen de conciencia. Quizá mucho. ¿Qué defiendes? ¿En qué crees? ¿Qué quieres que tu música haga sentir a la gente? Tu mensaje puede traducirse en conmovedoras canciones de amor (John Legend, Sam Smith), angustia desgarradora (Billie Eilish, Olivia Rodrigo), empoderamiento femenino (Beyonce, Christina, Pink), iniciativas sociales (Nipsey Hussle, Kendrick, Common) o simplemente ganas de fiesta (LMFAO, la primera Ke$ha). Todo vale, pero tenlo claro.

Descubre quién eres y deja que tu arte cuente la historia.

Conecta con Ryden en las redes sociales @OfficialRyden.

Marketing de influencers

Desde un chico tranquilo con una cámara genial que graba vídeos geniales, hasta Dwayne "The Rock" Johnson, los influencers pueden ser cualquiera. Un influencer puede ser alguien con muchos seguidores, pero lo más importante es que tenga una colección de seguidores comprometidos que escuchen lo que tiene que decir. Anteriormente en este libro se te dijo que te registraras en Instagram. Si aún no lo has hecho, regístrate ahora. Yo esperaré.

Aquí tienes algunos deberes. Entra en Instagram, encuentra a algunas personas que compartan tu pasión fuera de la música. Si te gustan los videojuegos, busca el hashtag #videogames y encuentra a alguien con muchos seguidores y mucha participación en sus publicaciones. Tómate tu tiempo para seguir a 20 de estas personas influyentes y escribe comentarios significativos en sus publicaciones. No me refiero a "bonito vídeo, quiero jugar a ese juego". Sé específico. Digamos que han publicado un vídeo en el que juegan a Grand Theft Auto V. Comenta y di "Oye, acabo de terminar el juego con Trevor y me ha parecido muy duro, pero su final me ha parecido una historia mucho mejor que la de los otros dos. ¿Crees que volverá en el próximo GTA?". Lo que has hecho es demostrar que has prestado atención a su vídeo, has hecho un comentario reflexivo y has pedido su opinión.

Ahora viene la parte emocionante, activa las notificaciones de Instagram y prepárate. Si responden a tu comentario (recibirás una notificación porque te etiquetarán en su respuesta), responde inmediatamente mientras estén activos en la aplicación y participando. Tu notificación aparecerá en primer lugar. Si tienes la suerte de recibir otra respuesta, pregúntales si puedes enviarles un DM o correo electrónico rápido porque quieres seguir charlando y "no quieres perderte en los comentarios" o algo por el estilo.

Una vez que estés en el DM, no hables de ti, sólo sigue interactuando con ellos y haciéndoles preguntas interesantes. Esto es desarrollar la relación. Si lo haces bien, puede que te sigan (por eso es importante no ser falso en tus perfiles de las redes sociales). Después de que te sigan, es hora de preguntarles algo más sobre sí mismos, como por ejemplo "¿Desde cuándo eres jugador?" o "¿Tienes otras aficiones que te gusten?".

Una vez que respondan, es probable que recibas una respuesta seguida de "...¿Y tú?". Ahora es cuando les cuentas en dos frases de qué vas. "Jugador ávido de California, me encantaba Nintendo pero ahora soy todo PS4. También hago música electrónica y sueño con que mi canción aparezca en un videojuego". Una vez que les hayas hecho saber que también creas música, les habrás dado la oportunidad de responder si están interesados.

Ahora bien, ten cuidado. Aún es posible que se asusten. Si te piden escuchar algo de tu música, no les envíes múltiples enlaces y DMs. Respira y elige tu mejor canción que represente tu sonido. Cuéntales un poco sobre la canción que les envías para que sepan para qué prepararse. "Es una canción electrónica chill profunda que me recuerda a cuando vuelvo a casa en coche después de un largo día".

Ahora déjalos que escuchen. Si no has tenido noticias suyas, pero ves que han publicado nuevos contenidos en Internet, sería bueno que comentaras la siguiente publicación, sin mencionar tu música.

Hay muchas posibilidades de que si les das tiempo suficiente y luego haces un seguimiento (digamos 2 semanas), piensen que eres frío y sea más probable que respondan. Si muestran algún interés por tu música, ésta es la parte buena. Diles que estarías encantado de enviarles una copia de tu canción para que la utilicen gratis en cualquiera de sus vídeos. Esto también significa que ahora tienes la oportunidad de hacer llegar tu música a su público.

Si pican, asegúrate de enviar enlaces a tus redes sociales con un enlace de descarga fácil (Dropbox o Google Drive). Esto les da todo lo que necesitan. Lo más probable es que vean a tu artista y el título de la canción en la descripción del vídeo, así como quizás una etiqueta en los comentarios y un enlace a tus redes sociales (por eso son importantes los enlaces cortos, porque Instagram no permite enlaces en los que se pueda hacer clic). En otras palabras, la gente sólo ve la versión de texto (por ejemplo, johnsmithmusic.com o bit.ly/johnsmithmusic). No se puede hacer clic en ninguno de los dos, pero es probable que la gente recuerde y escriba el texto en su navegador web.

Experiencias
Contribución de Jay Gilbert

Ha surgido una nueva gran fuente de ingresos, encendida por servicios como Cameo, Thrillz.co.uk, Patreon, Twitch y OnlyFans.
Hacer una carrera sostenible únicamente de las ventas / streams / descargas de música puede no ser una estrategia inteligente hoy en día. El streaming no es el enemigo, pero un stream no vale monetariamente lo mismo que una descarga. Una descarga no vale lo mismo que un CD y un CD no vale lo mismo que un LP de vinilo.
Las licencias de sincronización, las giras y el merchandising también pueden generar ingresos importantes. Pero también pueden hacerlo las "experiencias".
¿Qué son las experiencias?
- Encuentros y saludos remunerados
- Mensajes personales de audio y vídeo
- Acceso exclusivo
- Grabar / escribir con tu artista favorito
- Conciertos en casa
- Merchandising personalizado / firmado y letras escritas a mano

Aquí hay toneladas de potencial. Durante la pandemia, The Accidentals ofrecieron bufandas tejidas a mano y sesiones de D&D. El Cuarteto Lickerish sigue ofreciendo clases de música, sesiones de escritura e incluso compras de discos y cenas con el grupo.
Sé creativo. Ofrece a tus fans algo que nadie más pueda.
Más información sobre el trabajo de Jay en label-logic.net

Protéjase
Ahora que estás creciendo -ya sea como artista, curador o ambos- tienes algo de valor en tus fans, seguidores y tu marca. Necesitas proteger tus perfiles en las redes sociales de hackers hambrientos que quieren apoderarse de tu página de fans o eliminar tu cuenta. Por desgracia, hay gente sospechosa. Pero que no cunda el pánico, hay muchas cosas que puedes hacer para asegurarte de que proteges todas tus cuentas. Sigue estos pasos.

Contraseñas
Cambia tus contraseñas cada año y nunca vuelvas a utilizar la misma contraseña. Utiliza una contraseña distinta para cada sitio. Si alguien consigue tu contraseña de Facebook y resulta que también es la misma contraseña para tu banca por Internet, puedes encontrarte en un mundo de problemas.
No guarde contraseñas en documentos en línea. Da por hecho que nada de lo que guardes en Internet es seguro. Compra un cuaderno, escríbelas todas y guárdalas en tu caja fuerte.

Utiliza contraseñas largas. Los piratas informáticos utilizan bots para ir pasando por combinaciones de contraseñas hasta que las adivinan. Cuanto más larga sea tu contraseña, más tardarán en adivinarla, y para entonces tú ya habrás cambiado tu contraseña.

La autenticación de dos factores es una capa adicional de seguridad. Además de introducir tu contraseña, se envía a tu teléfono una breve contraseña temporal que también debes introducir para poder acceder a tu cuenta.

Inicio de sesión en aplicaciones y sitios web

¿Recuerdas todos esos sitios web que te permiten iniciar sesión con tu cuenta de Facebook? Pues bien, si alguien hackea tu Facebook, ¿adivina a qué tiene acceso también?

Esto también se aplica a Google y otras cuentas. Sea cual sea la plataforma que utilices, busca en el Centro de asistencia y averigua cómo eliminar los inicios de sesión/apps de terceros innecesarios que tienen acceso a tu cuenta.

Crear música para playlists

Los curadores añaden canciones que encajan en sus playlists. La canción debe coincidir con el resto de las canciones en cuanto a sentimiento, género o estilo. Piense en las ediciones radiofónicas de las canciones: son cortas y directas. Esto se hace para gestionar el tiempo y evitar que la audiencia cambie de emisora. El mismo principio se aplica a las playlists. Por eso es importante que publiques una versión corta de tu canción especialmente pensada para las playlists.

Antes de continuar, no dejes que esto arruine tu creatividad u originalidad. Termina la versión original sin modificar como estaba previsto y luego trabaja en una edición corta que esté orientada a encajar en las playlists. Haz una versión corta que encaje en playlists populares con otras canciones cortas o ediciones de radio.

Busca playlists populares en Spotify con música similar a la que vas a lanzar. Escúchalas y fíjate en lo siguiente:

1. Duración de la canción (menos de 4 minutos).
2. Duración de la introducción (menos de 15 segundos, o la gente puede saltar
3. antes de los 30 segundos).
4. Duración de la conclusión (menos de 15 segundos, para que la gente deje sonar la canción hasta el final).
5. Estructura de la canción (Comienza con el gancho principal, la voz o algo que permita a la gente saber de qué trata tu canción en los primeros 15 segundos).

La reproducción de una canción sólo cuenta como stream si la gente la escucha durante más de 30 segundos. Si escuchan tu canción menos de 30 segundos, no cuenta y no te pagan. Tienes que captar su atención desde el principio para que no se la salten, y luego mantenerla al menos más allá de los primeros 30 segundos (y, con suerte, durante el resto de la canción).

Esto te dará una idea de lo que tienes que hacer en la edición. De nuevo, no dejes que esto arruine tu creatividad. Primero termina la canción y luego edítala. Puedes incluir ambas versiones Puedes incluir las dos versiones publicando primero la edición para la radio como single y luego guardar la versión extendida (con tu intro épica) para el álbum.

CONSEJO: SI TIENES UNA INTRODUCCIÓN MUY LARGA PARA TU CANCIÓN, CONVIÉRTELA EN UNA PISTA SEPARADA. DE ESTE MODO, SI ALGUIEN SE SALTA LA INTRODUCCIÓN, LA CANCIÓN "REAL" SONARÁ A CONTINUACIÓN. SI ESCUCHAN LA INTRODUCCIÓN HASTA LLEGAR A LA CANCIÓN PRINCIPAL, SE CONTABILIZARÁN DOS FLUJOS DISTINTOS.

Una cosa es crear una versión corta de tu canción. Otra cosa es crear música específicamente para que los curadores puedan ganarse la vida estrictamente con las playlists. No hay nada bueno ni malo, pero esto último puede ser un duro golpe para la creatividad. Sin embargo, para algunos artistas con un mercado muy especializado, puede merecer la pena intentarlo.

Tomemos como ejemplo a Lance Allen. Lance es un guitarrista de gran talento y ha conseguido muchos seguidores gracias a sus preciosas versiones de guitarra y sus producciones acústicas originales. Al principio, tuvo suerte con los algoritmos de Spotify, pero esto no fue suficiente para Lance.

En lugar de cruzarse de brazos y esperar a ver si Spotify apoyaba su nuevo single, Lance decidió ponerse en contacto con curadores independientes con muchos seguidores. Su siguiente paso, sin embargo, fue una genialidad. Lance no les presentó su canción. En lugar de eso, les preguntó qué buscaban a la hora de añadir canciones. Esta es la mejor manera de llamar la atención de los curadores. En lugar de decirles lo que quieres, les preguntas qué buscan.

Digamos que el Curador A responde: "Busco una versión acústica de la nueva canción de Bruno Mars. Me encanta la canción, pero mi playlist es estrictamente de versiones acústicas". Lance puede entonces ir a grabarla, sabiendo que una vez creada la canción hay muchas posibilidades de que este curador la añada a su playlist, sobre todo sabiendo que ha sido creada específicamente para él.

Sí, Lance es guitarrista, pero esto puede aplicarse a cantantes, compositores, grupos e incluso a alguien que sepa tocar una flauta de pan. Si tienes un nicho de audiencia, estoy seguro de que a estos curadores les encantará escucharte y apoyar tus lanzamientos.

Colabora con otros artistas

Colaborar con otros artistas en una canción tiene muchas ventajas. Puedes conseguir un sonido diferente o simplemente incorporar a un cantante invitado. El resultado puede ser único y encantar tanto a tu público como al suyo.

La mejor parte de todo esto llega a la hora de publicar tu música. La canción no sólo llegará a tu público, sino también al suyo. Si tienes 1.000 seguidores en Spotify y ellos tienen 1.000, habrás duplicado potencialmente tu audiencia para la canción.

Para asegurarte de llegar a todos los seguidores, tienes que tener a ambos artistas como "artista principal". Si tienes a un artista como "featuring", no llegará a su público a través de plataformas como Release Radar ni aparecerá necesariamente en su perfil como uno de sus últimos lanzamientos. En resumen, puede quedar enterrado más abajo en su perfil de artista. Además, todos los artistas principales tendrán la oportunidad de enviar la canción a través de Spotify for Artists.

CONSEJO: ACTUALMENTE PUEDES INCLUIR HASTA 5 ARTISTAS COMO "ARTISTA PRINCIPAL" ANTES DE QUE EL NOMBRE DEL ARTISTA CAMBIE A "VARIOS ARTISTAS".

Si todos los artistas implicados promocionan, comparten y lanzan activamente el lanzamiento, habrás aumentado considerablemente tus posibilidades.

Si inicias un nuevo proyecto bajo un nuevo alias, o una colaboración, no tienes por qué perder a tus seguidores. Un ejemplo es Diplo y Mark Ronson. Ambos tienen un gran número de seguidores. Empezaron un proyecto llamado Silk City (que inicialmente no tenía seguidores). Su single de debut tenía cuatro artistas principales etiquetados: Silk City, Diplo, Mark Ronson y Dua Lipa. Esto significaba que el single de debut de su nuevo proyecto llegaría a todos los seguidores combinados de los perfiles de los cuatro artistas. Con un número combinado de millones de seguidores y un puesto garantizado en Release Radar si se enviaba más de 7 días antes del lanzamiento, esto hace que el lanzamiento sea un éxito, independientemente del apoyo adicional que reciban.

Comparte tu arte sin ataduras

Contribución de Andee Connors

Sea cual sea tu arte -música, comedia, escultura, escritura, cocina-, haz una lista de todos los demás creadores a los que quieres y aprecias. Escribe sobre los artistas y creadores de tu mundo que han significado algo para ti. Pueden ser sellos, bandas, locales, escritores o incluso personas ajenas a tu disciplina. Luego comparte tu arte con ellos. Sin condiciones.

No envíes una maqueta a un sello que te guste y le digas "Fírmame". En lugar de eso, envía tu música con una nota, dándoles las gracias por lo que hacen, por los discos que publicaron y que te sacaron de tiempos difíciles, quizá incluso te salvaron la vida, y simplemente hazles saber que querías compartir tu creación para darles las gracias.

Hazlo con todas las personas de tu lista. De forma orgánica, empezarás a ver cómo surgen cosas: conversaciones, mensajes, llamadas telefónicas, otras personas que te envían su arte, colaboraciones, nuevas escenas, intercambios continuos de arte e ideas. A menudo, lo que perseguías desde el principio es que una discográfica quiera publicar tu disco, que otro grupo quiera hacer conciertos juntos o que los creadores quieran colaborar.

Aunque no pase nada, habrás hecho algo positivo y hermoso. Has ayudado a reforzar tu comunidad de creadores, has fortalecido la escena y, potencialmente, has creado nuevas amistades. No sólo has dado tu creación a la gente, sino que has demostrado tu gratitud de la forma más hermosa posible: compartiendo algo que has creado con otras personas que probablemente harán lo mismo.
Sigue haciendo todo lo que ya haces: promoción, relaciones públicas, redes sociales, etc. Sigue todos los consejos de este libro, añade esto a la mezcla y a ver qué pasa.
Todo lo que podamos hacer para que el mundo de la música sea un poco más positivo sólo puede ser bueno.
Echa un vistazo a la música de Andee en myheartaninvertedflame.com.

Publicidad musical

Contribución de Ariel Hyatt
La publicidad es valiosa para ti como artista porque puede ayudarte a conseguir exposición. Te da algo para aprovechar dentro de la industria y compartir en tus redes sociales, sitio web y lista de correo electrónico para la tracción adicional y la influencia. Para los posibles fans y oyentes, siempre es más creíble que otros digan algo sobre tu música que tú mismo. Aparecer en los medios de comunicación es, en esencia, obtener un sello de aprobación de los entusiastas de la música que se toman el tiempo de seleccionarla.
Probablemente quiera publicidad porque le gustaría ganar nuevos oyentes y fans. También es posible que busque reconocimiento y notoriedad. O quizá sienta una gran curiosidad por saber qué dirán de su música los medios de comunicación y los creadores de tendencias. Tal vez piense que, si consigue suficiente publicidad, le ocurrirán cosas más grandes y mejores. Todas estas razones son válidas.

Sin embargo, hay que tener en cuenta algunas cosas. Esta es la primera estadística desgarradora cuando intentas hacer tu propia publicidad: cada día se publican 60.000 canciones nuevas en Spotify.
día. He aquí la segunda: Según Muck Rack, hay seis profesionales de las relaciones públicas por cada periodista. En resumen, tanto si quieres contratar a un publicista como si quieres hacerlo tú mismo, hay mucha competencia. Y aquí hay un tercer aspecto muy importante: el espíritu de la época. Hoy en día, es mucho más fácil trabajar el chillwave, la EDM y el hip-hop que el smooth jazz y la música infantil, porque hay más medios disponibles para la música "de moda".

Una vez que un blog musical o una playlist empieza a ganar adeptos y cifras sólidas en las redes sociales, cientos de publicistas, sellos discográficos, managers y artistas empiezan a competir por su inclusión. Para destacar entre la masa, hay que saber comunicar con eficacia y tener una estrategia. Los blogs musicales y las playlists van y vienen con frecuencia. La razón es que, en su mayoría, están creados y dirigidos por aficionados que

aman la música y se mueven por pasión. Lamentablemente, la pasión no paga las facturas y, con el tiempo, su entusiasmo decae y los blogs y las playlists cierran.
Esto significa que, como artista, debes cultivar constantemente nuevas relaciones con los puntos de venta a medida que lanzas nueva música.

Qué hace un publicista musical:

El trabajo de un publicista musical consiste en relacionarse con la prensa. En otras palabras, un publicista establece relaciones de trabajo entre tú y los medios de comunicación. Como ya se ha indicado en esta guía, por medios de comunicación se entiende blogs, playlists y, sobre todo, publicaciones en línea que sean apropiadas para ti.

Un publicista te ahorrará mucho tiempo y trabajo aprovechando sus contactos y relaciones. Un publicista sólido podrá utilizar esos contactos que tanto le ha costado conseguir para darte una exposición que, de otro modo, te llevaría mucho tiempo conseguir por tu cuenta. La publicidad que te hagan te ayudará a consolidar tu marca.
Tu publicista dará a conocer tu nombre a los principales medios de comunicación (blogueros musicales, podcasters, playlists, periodistas musicales, creadores de tendencias), algunos de los cuales es más probable que presten atención a tu música si te presenta un publicista que conocen y en el que confían.

Además, un publicista te conseguirá citas de prensa legítimas que podrás añadir a tu arsenal para atraer más la atención del sector por parte de agentes de contratación, managers, etc. También deberías añadir estas citas a tu sitio web, redes sociales y dossier de prensa. Si son sólidas, te acompañarán durante años.

Un buen publicista puede hacerte la vida más fácil y acelerar tu carrera musical. Sin embargo, no esperes que tu publicista te consiga un agente de contratación, actuaciones en directo, una discográfica o un contrato editorial. Un publicista musical inteligente y con buenos contactos puede ponerte en contacto con otras personas del sector, pero eso no forma parte de su trabajo.

Contratar a un publicista debería ser como contratar a otro miembro de tu banda o añadir un nuevo miembro crítico a tu equipo, porque eso es exactamente lo que estás haciendo. Todos los miembros de tu equipo tienen que estar de acuerdo para que puedas avanzar. Te aconsejo que elijas a alguien que te guste y que esté alineado con tu visión. También debes asegurarte de que la base de contactos del publicista es la adecuada para tu género musical y de que comparte tus objetivos mediáticos a corto y largo plazo.

Todos hemos oído la frase "toda publicidad es buena publicidad". Es beneficioso entender esto de verdad y la verdad es que la persona media recuerda muy poco de lo que lee. No van a recordar una crítica tibia o lo grande que era la playlist en la que fuiste incluido, sólo lo que se dijo o que fuiste incluido. Una cita fuerte de los medios de comunicación o cualquier colocación en una playlist es beneficiosa, no importa de qué medio provenga, porque las citas y las reproducciones que se generen son tuyas para siempre y nunca te las podrán quitar.

Más información sobre Ariel en https://arielhyatt.com/

Distribución digital de música

Los códigos ISRC y su lanzamiento

El Código Internacional Normalizado de Grabación, conocido como ISRC, se utiliza para identificar de forma exclusiva las grabaciones sonoras. Cada vez que publique una canción a través de un distribuidor, se generará un ISRC. Estos códigos son muy importantes si tiene la intención de publicar una canción como single y luego incluirla también en un EP o álbum. En el siguiente ejemplo, me refiero al single "Sick Boy'" de The Chainsmokers.

Los Chainsmokers ya tienen muchos seguidores, así que, naturalmente, esta canción recibió millones de streams en sus dos primeras semanas de lanzamiento. Y aquí viene lo bueno. Unas semanas más tarde, lanzaron su siguiente single "You Owe Me" como parte de un EP con "Sick Boy". El EP se titulaba "Sick Boy... You Owe Me".

Como "Sick Boy" conservaba su ISRC original, el nuevo EP parecía tener instantáneamente millones de streams. En realidad, estos streams se atribuían únicamente a "Sick Boy". A primera vista, sin embargo, el EP parecía un éxito instantáneo.

No se detuvieron ahí. Unas semanas más tarde, lanzaron otro sencillo llamado "Everybody Hates Me" como parte de otro EP. Esta vez, el EP incluía los dos lanzamientos anteriores: "Sick Boy" y "You Owe Me". Una vez más, el primer día, el flujo de lanzamiento cuenta para este último EP. Todo ello gracias a que los ISRC lo unieron todo.

Además de aumentar el número de streams de una canción a través de múltiples lanzamientos, también es una herramienta útil para crear tracción para un álbum. Puedes lanzar una canción cada semana o cada dos semanas y dar a cada canción la oportunidad de brillar en Release Radar, Discover Weekly y otras playlists, y luego darles otra oportunidad cuando se lance el álbum. Fíjate en otros artistas importantes como Diplo, Calvin Harris o Justin Timberlake. Puedes saber que tienen un álbum en camino cuando ves que lanzan varios sencillos en un mes.

Aunque tu base de fans no sea tan grande como la de estos artistas, nada te impide utilizar estas tácticas mientras haces crecer tu base de fans.

Entra en cualquier servicio de streaming y mira las 10 canciones más escuchadas de un artista. Si ves una canción en el top 10 y sabes que ese artista ha lanzado esa canción varias veces (quizás incluyendo un remaster), entonces es probable que sea el resultado del uso del mismo ISRC.

Por otro lado, si ves la misma canción varias veces en el top 10 de canciones de un artista, es probable que haya cambiado de distribuidor y haya vuelto a publicar la canción sin utilizar el código ISRC existente. Esto significa que una canción puede aparecer varias veces en tu top 10, dejando menos espacio para otras canciones.

Llegar lejos

Contribución de Jez Ryan

A menudo, cuando empiezo a trabajar en una campaña de lanzamiento con un artista novel, me encuentro con que tienen en la cabeza la idea de que tienen que centrarse en su propio país, ciudad o incluso sólo en su ciudad natal. La idea de presentar su música a un público mundial es algo que ni siquiera se han planteado en una fase tan temprana de su desarrollo.

En mi experiencia, creo que es muy importante llegar lejos con cada lanzamiento, sobre todo para los artistas nuevos y emergentes. Conseguir apoyo local siempre es estupendo, por supuesto, sobre todo cuando se trata de vender entradas para espectáculos, pero ¿por qué centrarse sólo en un grupo tan pequeño de personas cuando se tiene acceso al mundo entero?

Lanzar tu música a un mercado global puede atraer potencialmente cientos de miles de streams de tu canción. Además, deberías empezar a ver un crecimiento sólido de tu audiencia.

Después de unos cuantos lanzamientos, podrás ver en qué territorios resuena más tu música. Spotify for Artists es una buena herramienta para ello. Estos datos demográficos pueden utilizarse para perfeccionar tus campañas en las redes sociales y maximizar el número de clics y los resultados de las transmisiones.

A medida que tu presencia crece dentro de la escena musical mundial, también puedes empezar a atraer oportunidades de giras internacionales, lo que es mucho más beneficioso para tu proyecto que limitarse a vender entradas en algunos de tus locales favoritos de tu país. Dicho esto, normalmente, a medida que tu presencia crece a escala mundial, también crecerá dentro de tus propios territorios. Antes de que te des cuenta, puede que te inviten a actuar en algunos de los locales más importantes de tu zona.

Más información sobre el trabajo de Jez en acidstag.com y mammalsounds.com.

Sigue vendiendo CDs

Los CD son una fuente de ingresos adicional. Lo comparo con la sensación de entrar en una tienda y comprar un producto. Te hace sentir bien. Los fans como yo van a un espectáculo o compran CDs por esta razón. Puede que nunca escuchen ni desenvuelvan el CD, pero la parte de la compra del proceso les hace sentirse bien sabiendo que el dinero ha ido a parar al artista.

Lo que suele ocurrir a continuación es que el fan se sube a su coche y empieza a escuchar ese mismo álbum a través de un servicio de streaming. El artista obtiene ahora ingresos de la venta del CD (digamos 5 $ de beneficio por CD), así como del servicio de streaming.

Definitivamente, no recomiendo repartir CDs gratis a todo el que conozcas, ya que puede hacer que la gente no vea valor en tu música. Si alguien paga por algo, aunque sea unos pocos dólares, es más probable que dedique tiempo a escucharlo o al menos lo guarde en su coche, en su estantería, etc. Ese CD puede que un día se lo pase a un amigo con un comentario del tipo "escucha esto". Eso es marketing boca a boca.

¿Quieres aumentar el valor de tu CD? Asegúrate de firmárselo al fan. Si hay un mensaje personal con su nombre, es seguro que lo guardarán. Puede que incluso hagan una foto y la compartan en las redes sociales.

Cuando busques fabricantes de CD, ten en cuenta que el tamaño importa. Si utilizas estuches de tamaño normal para tus CD, el precio del envío aumentará. También existe el riesgo de que la funda se rompa durante el transporte, y no cabe tan fácilmente en el bolsillo de una chaqueta o en un bolso.

Te sugiero que busques fundas finas de cartón. Algunos distribuidores las llaman packs ecológicos que, como su nombre indica, también son buenos para el medio ambiente. Los aficionados estarán más dispuestos a comprarlas si caben fácilmente en el bolsillo.

Da las gracias

Puede parecer extraño mencionarlo, pero da siempre las gracias. Se tarda menos de un segundo en decirlo y puede ser la diferencia entre que alguien se sienta feliz con su decisión de apoyarte, o que sienta que no era lo suficientemente importante como para que le dieras las gracias y que su apoyo no era valorado. Lo más probable es que no vuelvas a saber de ellos.

Si alguien te ayuda mucho al principio de tu carrera, no lo olvides nunca. Encuentra la forma de agradecérselo. Tengo un amigo que dirige una gran red independiente de playlists. Me ayudó enormemente tanto apoyando mi música como aconsejándome a la hora de crear mis propias playlist.

Empezó como un agradecimiento, luego me llevó a reservar un vuelo cuando él hablaba en una conferencia en otra ciudad. Le grité unas cervezas. ("Gritar" significa comprar en Australia.) Años después, y ahora somos buenos amigos y seguimos compartiendo música y consejos. Ese hombre se llama Carlos, y es el fundador de Indiemono, una de las mayores marcas independientes de playlist en Spotify, con más de 3,5 millones de seguidores en todas sus listas.

Por tanto, da siempre las gracias. Recuerda a quienes te apoyaron desde el principio. Nunca se sabe dónde pueden estar dentro de unos años. Si uno de vosotros crece, crecéis los dos. Eso, y ser agradecido, debería ser algo natural.

Aquí tienes algunas sugerencias sobre distintas formas de dar las gracias:
- Comparte la playlist como tu selección de artista en tu perfil de Spotify.
- Twittea y etiqueta al curador, diciéndole a todo el mundo que vaya a ver su playlist.
- Publica un breve vídeo tuyo en el estudio dando las gracias al curador por añadir tu canción.

CONSEJO: SI HACES UNA CAPTURA DE PANTALLA DE UNA PLAYLIST DE UN CURADOR, ASEGÚRATE DE HACER CLIC EN "SEGUIR" PRIMERO PARA QUE SE VEA QUE SIGUES Y ESCUCHAS SU PLAYLIST. ESTO HACE QUE EL "GRACIAS" SEA MÁS GENUINO Y PROBABLEMENTE RECIBAS UNA RESPUESTA MÁS POSITIVA DEL curador.

El poder de la comunidad

Contribución de la Dra. Sue Oreszczyn, FRSA:

Lo que haces no se hace de forma aislada. La comunidad es importante y poderosa. Puedes crear una en torno a lo que haces y también aprovechar las ya existentes. Puedes desarrollar una comunidad de fans y también una comunidad de artistas y/o playlists.

Una comunidad de apoyo también es buena para la salud mental, especialmente en una industria en la que la crítica y el rechazo son inevitables de vez en cuando. Sin embargo, puede resultar difícil crear una propia desde cero. Afortunadamente, cada vez hay más comunidades musicales de apoyo mutuo -locales y en plataformas de medios sociales- a las que se puede recurrir. Estas comunidades suelen ser muy acogedoras para los recién llegados. Si están en línea, pueden incluir no sólo creadores de playlists y artistas, sino también presentadores de radio o YouTube, blogueros, sellos discográficos independientes y promotores, etc.

Las comunidades musicales online tienden a crecer orgánicamente, por lo que es bueno estar atento a ellas y unirse a las que parezcan adecuadas, acogedoras, solidarias y divertidas. Es una forma estupenda de conocer a otros miembros de la industria musical y aprovechar la experiencia y los conocimientos de los demás. Por ejemplo, en Twitter se puede encontrar a artistas que apoyan a otros artistas compartiendo música nueva entre sus seguidores, compartiendo playlists e información útil, etc. Las comunidades online también suelen estar conectadas con comunidades físicas, de modo que unirse a una de ellas puede dar lugar a una base de fans más amplia, colocaciones en playlists de DSP, reproducciones en programas de radio, críticas, etc., y también puede conducir a invitaciones para tocar en conciertos en directo.

Más información sobre el trabajo de Sue en https://grassrootsmusicnetwork.org/

Considera hacer un podcast

No es raro que los artistas tengan también un podcast. Algunos lo utilizamos como forma de mostrar otras pasiones. Sea cual sea tu motivo, quería compartir este rápido resumen de dónde puedes acudir para asegurarte de que tu podcast está disponible en tantos lugares como sea posible.

Los oyentes utilizarán la aplicación o el servicio que prefieran, así que no pierdas de vista a los oyentes potenciales pensando que tienes que ser exclusivo de una plataforma. A menos que alguien te ofrezca un acuerdo muy lucrativo para ofrecer un podcast en exclusiva, no hay necesidad de utilizar sólo una.

Yo envié mi podcast a todos estos servicios con éxito y (enchufe descarado) puedes verlo en https://workhardplaylisthard.com/

Enlaces de envío de podcasts

Amazon Music podcasters.amazon.com

Audible podcasters.amazon.com

Podcasts de Apple: podcastsconnect.apple.com

Breaker: www.breaker.audio/i/upstream

Deezer: podcasters.deezer.com

Google Podcast: search.google.com/search-consola/bienvenida

iHeart Radio: www.iheart.com/content/submit-your-podcast

JioSaavn yourcast.jiosaavn.com

Pandora: amp.pandora.com/podcasts

Radio Public: podcasters.radiopublic.com

Spotify: podcasters.spotify.com

Stitcher: stitcher.com/content-providers.php

TuneIn: help.tunein.com/contact/add-podcast-S19TR3Sdf

Distribución de Podcast
Utilizo Anchor para distribuir mi podcast. Esto hace que mi programa llegue a un público aún más amplio, lo que es importante para difundir mi mensaje y aumentar el alcance de mis invitados.
También hay muchos otros servicios de podcast de pago y gratuitos. Anchor fue el más adecuado para mí, pero investiga siempre por tu cuenta para encontrar la mejor solución para ti.

Publicaciones en redes sociales
Utilizo Headliner para crear audiogramas, que son visualizadores listos para las redes sociales con imágenes con transcripciones del discurso y una forma de onda sincronizada. Headliner tiene una opción gratuita que me ha parecido más que suficiente. Luego subo estos visualizadores a mi página de Facebook y a mis canales de Instagram y YouTube.

Payola Vs. Playola

Contribución de Jay Gilbert

No nos andemos con rodeos. Ambas son sencillamente erróneas y malas para la industria musical. Una es ilegal.

"Payola" es el acto de pagar por la emisión radiofónica sin revelar que la emisión era de pago. Va contra la ley federal de EEUU. Las ondas radiofónicas de EEUU son de propiedad pública y están reguladas por la FCC.

"Playola" es el acto de pagar por aparecer en playlists de proveedores de servicios digitales como Spotify y Apple Music. Aunque esto puede ser poco ético y sin duda va en contra de las condiciones de servicio de los DSP, no es ilegal (todavía).

Las playlists del DSP pueden dividirse en dos grupos: curadas por el usuario y curadas por el DSP. Si yo creo una playlist, es seleccionada por el usuario. Si Spotify crea una playlist, está seleccionada por el DSP.

También hay servicios comerciales (como ya se ha mencionado en capítulos anteriores) que tienen redes de usuarios curadores que escuchan las propuestas, dan su opinión y a veces incluso añaden canciones a sus playlists. Esto no se considera payola, ya que se les compensa por sus comentarios y no se garantiza que añadan playlists.

Aunque a todo el mundo le gusta una victoria rápida, investiga bien. Sigue los consejos de los capítulos anteriores para dar a tu música la mejor oportunidad de brillar, tanto a largo como a corto plazo.

Más información sobre el trabajo de Jay en label-logic.net

Reflexiones finales

Este libro se ha hecho esperar. Realmente quería compartir todo lo que me hubiera gustado saber cuando empecé. Espero que te sirva de ayuda.

El sector cambia constantemente, y yo siempre estoy aprendiendo. Work Hard Playlist Hard seguirá actualizándose y revisándose, y seguiré compartiendo aún más conocimientos en el futuro.

Desde su primera publicación en 2018, este libro ya se ha actualizado innumerables veces. Han cambiado muchas cosas en el mundo del streaming musical. También han cambiado muchas cosas para mí. Este libro me ha abierto las puertas para participar en paneles de conferencias, organizar talleres en directo, aparecer en varios podcasts e incluso aparecer en mi primera entrevista televisiva en directo en la CNBC.

Nada de esto habría sido posible si no fuera por el increíble apoyo que he recibido. Ya sea un tuit, un correo electrónico o simplemente contárselo a un amigo, gracias. Siento la enorme responsabilidad de asegurarme de que sigo ofreciendo información actual y fiable para ayudaros a avanzar en vuestra carrera.

La industria musical es un paisaje en constante evolución. Como ésta es ya la segunda edición del libro, no te contengas si hay algo que te gustaría que añadiera, ampliara o actualizara en una futura edición.

Mientras tanto, sal ahí fuera, sigue creando, sigue aprendiendo y sigue compartiendo. Gracias por leernos.

Mike Warner:
@askmikewarner WorkHardPlaylistHard.com

Erika Parr:
@tekasol (Instagram)

Créditos

Texto de Mike Warner

Traducción de Erika Parr

Colaboradores invitados: Andee Connors, Ariel Hyatt, Bree Noble, Cheryl B., Marcela Murillo, Alexandre Saldanha, Engelhardt, Chris Robley, Jay Gilbert, Jari Kurkaa, Jez Ryan, Karen Allen, Kelli-Leigh, LUK, Mark Tavern, Nick Ditri, Nina Las Vegas, Ryden, Spectator Jonze, Sue Oresczyn, Troy Carter Jr y Uberjak'd.

Gracias a todos

Este libro no sería posible sin el apoyo, la paciencia, el amor y el ánimo que he recibido de tantos de vosotros. A mi bella esposa, a mis padres, a mi hermana, a mi familia, a mis amigos, a mis colegas, a mis artistas, a mis mascotas y a todas las personas con las que he tenido el placer de conectar, gracias desde el fondo de mi corazón.

Pensar que este libro estuvo a punto de no existir da miedo. Las dudas sobre uno mismo son reales, al igual que el síndrome del impostor. Sin embargo, aquí estamos: ¡más grandes y mejores!

Gracias por coger este libro, invertir tiempo en ti mismo y compartir lo que has aprendido para ayudar a los demás. Se te aprecia.

Gracias Erica por ser el pegamento que mantuvo unida a WHPH cuando necesité desconectarme un tiempo a principios de 2020. No existiría sin tu ánimo, dedicación y espíritu. Se te aprecia mucho y vas más allá.

Gracias a todos los increíbles colaboradores que compartieron su tiempo, conocimientos y comentarios. Este libro va a ayudar a mucha gente. No sería lo mismo sin vuestras contribuciones.

Gracias a todas las personas fantásticas que me reservaron para hablar, me acogieron en su despacho, aula, pantalla de ordenador, pantalla de TV, librería y sala de conferencias. Hay tantos más a los que dar las gracias que necesitaría extender este libro. Me aseguraré de hacerlo directamente.

Más aprendizaje

Aquí tienes otros libros que he leído y recomiendo:

- How to Make It In The New Music Business by Ari Herstand
- The Slotify Method by George Goodrich
- All You Need to Know About the Music Business by Donald Passman
- Twitch for Musicians by Karen Allen
- The Musician's Profit Path by Bree Noble
- $150,000 Music Degree by Rick Barker and Wade Sutton
- The Ultimate Guide to Music Publicity by Ariel Hyatt
- The Independent Music Sector by Neil March
- Get Verified on Instagram with Under 5,000 Followers by Call Me Ace
- The Plain & Simple Guide To Music Publishing by Randall D. Wixen

Cursos

He creado una serie de cursos disponibles en WorkHardPlaylistHard.com, entre ellos "Introducción a las playlists" y "Perfiles y herramientas de artistas" (por ahora sólo disponible en inglés). Puede que encuentres algún solapamiento con el contenido de este libro, pero si lo tuyo son los vídeos explicativos, no dudes en echarle un vistazo.

Programas de afiliados

¿Por qué no ganar algo de dinero extra recomendando productos en los que crees de verdad mientras creas seguidores? Por ejemplo, si este libro te ha parecido valioso, ¿no lo recomendarías naturalmente a tus amigos y compañeros?

Puedes utilizar enlaces de afiliados de los principales minoristas para compartir enlaces a casi cualquier producto y recibir comisiones por las ventas que generes. Aquí tienes algunos programas en los que puedes inscribirte. Puedes compartir enlaces al libro Work Hard Playlist Hard, o incluso a productos de Work Hard Playlist Hard en Amazon. Además, puedes compartir enlaces a cualquier música en Apple Music y ganar una comisión si alguien se suscribe.

Aquí tienes algunos programas de afiliación en los que participo actualmente:

Afiliado de Amazon

Afiliado a Apple
Afiliado a Barnes & Noble.

Testimonios

"Mi amigo Mike es a quien acudo para que me aconseje sobre streaming, principalmente porque viene de la música y de la música que me gusta. Tiene ese toque especial y ese tacto para saber dónde puede funcionar bien una pista, no sólo un conocimiento de tipo estadístico. Sus playlists siempre se elaboran de forma orgánica -no sólo estratégicamente- y son sólidas musicalmente. Le he visto crecer desde una playlist hasta una operación masiva a lo largo de los años". **StoneBridge (productor y remezclador nominado a los Grammy)**

"Sigo a Mike desde los primeros días de Spotify, cuando crear playlists públicas en servicios de streaming era algo nuevo y emocionante. Varios curadores independientes empezaron a compartir playlists de Spotify por un fuerte deseo de ayudar y apoyar a artistas independientes nuevos y emergentes. Artistas desconocidos se deslizaban junto a artistas más conocidos en un intento de darles voz. Mike era uno de estos curadores. Me fijé en él muy pronto por su integridad, amabilidad y voluntad de ayudar a los demás. A medida que aprendía por sí mismo, compartía libremente con los demás sus conocimientos sobre una industria musical en rápida evolución y a menudo desconcertante. Afortunadamente, sigue haciéndolo hoy en día. Mike es a la vez un experto y uno de los buenos, y su libro lo refleja". **Dra. Sue Oreszczyn FRSA (Académica y miembro fundador de la Red de Música de Base)**

"Mike conoce muy bien el mundo del streaming y, como artista, también tiene una visión única del sector. Con un historial de éxito probado, este libro es de lectura obligada para cualquiera que esté interesado en este espacio." **Kieron Donoghue (Fundador de Humble Angel Records)**

"Lo que más me impresiona de Mike es que su conocimiento del mundo de la música digital nace de un verdadero amor por la música (por desgracia, no siempre es así en el mundo de la música hoy en día). Tanto desde la perspectiva del artista como de la industria, Mike siempre parece estar al tanto de las tendencias y siempre busca nuevas formas de exponer no sólo la música de sus grupos, sino la de otros artistas de talento de todo el mundo a un público más amplio. Más allá de su clara experiencia en las áreas en las que trabaja, resulta que también es una gran persona con la que tratar, hablar y colaborar. Todo mi respeto por su empuje y su saber hacer". **Brian Delaney (Tommy Boy Records)**

"Todavía me sorprende lo mucho que sabe Mike sobre el mundo del streaming, aunque tiene todo el sentido. Busca constantemente nuevas iniciativas para ampliar sus conocimientos sobre el sector de la música digital. Ya sea creando una red de playlists, desarrollando su propio perfil de artista, grabando podcasts informativos o participando en conferencias, está claro que Mike tiene un buen ojo para todo lo relacionado con la música. En unos pocos meses, he podido ver cómo sus propios proyectos crecían sustancialmente, lo que demuestra su capacidad para ofrecer consejos de primera categoría que tienen valor." **Ranya Khoury (Spinnin Records)**

Glosario de la industria musical

Aquí tienes una sección extra de términos de uso común en el mundo del streaming actual. Aunque no todos los términos que aparecen a continuación se mencionan en este libro, espero que te ayuden a navegar por la industria musical con un poco más de facilidad.

Pruebas A/B: Las pruebas A/B son una forma de identificar cuál de dos opciones es más eficaz. Consiste en presentar a un grupo de usuarios de muestra dos versiones de una misma variable -como dos diseños diferentes de la misma página web- y medir qué opción, A o B, obtiene mejores resultados.

A&R (Artista y Repertorio): Los A&R se encargan de buscar talentos y supervisar el desarrollo artístico de los artistas y compositores. También escuchan maquetas y suelen supervisar las negociaciones entre las discográficas y un artista.

Analítica: La analítica es simplemente la información obtenida a partir de datos o estadísticas, como el número de streams de canciones o cuántos usuarios nuevos siguieron tu página de artista en un periodo determinado. Estas cifras ofrecen información sobre qué estrategias te están funcionando mejor.

AQH (Cuarto de hora medio): Es el número medio de oyentes en un periodo de quince minutos. Relacionado sobre todo con la radio.

Activo: Los activos, o creatividades, son los medios que tienes o vas a crear específicamente para promocionar un lanzamiento, incluidos los vídeos musicales, las fotos promocionales y las ilustraciones del álbum.

Atribución: La atribución mide la eficacia de diferentes estrategias de marketing, rastreando cuáles conducen a una conversión y permitiéndote ver dónde tiene más éxito tu campaña.

Campaña: Una campaña es la visión general del impulso de marketing que hay detrás de un lanzamiento o una gira, o incluso un esfuerzo por aumentar el conocimiento público de ti como artista. Incluye tus estrategias, activos, fechas de lanzamiento, análisis, presupuesto y mucho más.

Contenido: El contenido es la amplia gama de medios o información que compartes con el público, incluidas canciones, vídeos, entradas de blog, tweets e historias de Instagram improvisadas.

Conversión: Una conversión se produce cuando un usuario realiza un comportamiento deseado, como hacer clic en un enlace y comprar algo, seguir tu perfil o escuchar una canción. La tasa de conversión, similar al CTR, mide la frecuencia con la que esto ocurre frente al número de personas que ven tu contenido.

CPC (Coste por clic): El coste medio pagado por clic al realizar una campaña de marketing digital.

CPM (Coste por milla): El coste por cada mil impresiones en una campaña de marketing digital.

Creativos: Los creativos, o activos, son los medios que creas específicamente para promocionar un lanzamiento, incluidos los vídeos musicales, las fotos promocionales y las ilustraciones de los álbumes.

Multiplataforma: Se refiere a la viabilidad a través de múltiples plataformas, como páginas de redes sociales, o interfaces móviles y de escritorio. Con la ayuda de la analítica, una estrategia multiplataforma aprovecha las ventajas específicas de cada medio.

CTA (Llamada a la acción): Una llamada a la acción es una indicación que pide a un usuario que complete un comportamiento deseado determinado por ti, como transmitir un single o comprar un álbum. Puede ser tan simple como "Haz clic aquí" o "Escucha ahora".

CTR (Índice de clics): El porcentaje de clics, o CTR, es el número de veces que se hace clic en algo en comparación con las veces que se mostró el activo a un espectador, ya sea un anuncio, una canción o un enlace a una tienda de merchandising.

Curador: Persona que gestiona una playlist o emisora, añadiendo y eliminando música.

DAW (Estación de trabajo de audio digital): Una estación de trabajo de audio digital (DAW) es un dispositivo electrónico o software de producción musical que se utiliza para grabar, editar y producir archivos de audio. Algunas DAW populares son Ableton Live, Logic y Pro Tools.

Distribución: La distribución es lo que hace que tu música esté disponible en tiendas y servicios de streaming. Puede ser a través de una discográfica o de una empresa externa, como CD Baby, DistroKid o TuneCore.

DJ (Disc Jockey): Persona que reproduce música grabada utilizando un equipo. Tiene el control de la música. Por ejemplo, un locutor de radio o un pinchadiscos.

DM (Mensaje Directo): Término común cuando se habla de redes sociales. La gente puede enviar un mensaje directo en Facebook, Instagram y Twitter, por ejemplo.

DSP (Proveedor de Servicios Digitales): Un DSP es una tienda digital como iTunes, o una plataforma de streaming como Spotify. Ten en cuenta que, en audio, DSP también puede significar Procesamiento Digital de la Señal (ver a continuación).

DSP (Procesamiento Digital de Señales): Así es como se manipulan y modifican las señales digitales.

EAN (Número de Artículo Europeo): Un (EAN) es la versión europea de un UPC. Cada lanzamiento tendrá asignado un EAN.

EP (Extended Play): Un EP es un lanzamiento que tiene entre 2 y 7 pistas. Estos lanzamientos son más cortos que los álbumes.

FOH (Front Of House): El Front Of House es la parte de un local de espectáculos que está abierta al público, como el auditorio y los vestíbulos.

Etiqueta ID3: Estas etiquetas se encuentran en los archivos de audio MP3 o similares. Contienen información como el nombre del artista, el título de la canción, el nombre del álbum y el género.

PI (Propiedad Intelectual): Se refiere a creaciones como inventos, diseños, símbolos, obras literarias y artísticas, además de nombres e imágenes utilizados en el comercio. Más información sobre la PI en el sitio web de la Organización Mundial de la Propiedad Intelectual en wipo.int/about-ip.

ISRC (Código Internacional Normalizado de Grabación): Cada pista tiene codificado un ISRC único. Un ISRC es un código de 12 caracteres, código alfanumérico que actúa como un código de barras, ayudando a las sociedades de gestión colectiva y a las plataformas de streaming a saber que tu canción se ha reproducido.

ISWC (Código Internacional Normalizado de Obras Musicales): Un ISWC es un código alfanumérico de 11 caracteres que suele asignar una sociedad de gestión colectiva. Registra el título de la canción, el compositor o compositores, el editor o editores musicales y las acciones de propiedad correspondientes.

KPI: Un KPI (Indicador Clave de Rendimiento) es el objetivo numérico que estableces para cualquier faceta de tu campaña. Puede ser una cantidad determinada de streams, ventas de álbumes, conciertos reservados, etc. que quieres conseguir mediante el marketing.

LD (Director de iluminación): Supervisa toda la iluminación y los efectos visuales de las actuaciones.

LP (Long Play): Un LP es un lanzamiento que contiene 8 o más pistas. Proviene de "long play vinyl record" (disco de vinilo de larga duración) y ahora es una forma de identificar un álbum de larga duración.

"Lift": Lift es la cantidad de mejora que resulta de una nueva campaña. Comparando los análisis de los que reciben tu nueva estrategia de marketing con los de los que aún experimentan tu antiguo plan, puedes ver dónde has mejorado o empeorado.

Muzak: Tipo de música de fondo que se reproduce en tiendas y otros establecimientos públicos.

OAC: Canal Oficial del Artista. Muchos DSP permiten a los artistas reclamar su canal de artista, a veces indicado con una marca azul.

Orgánico Vs. de Pago: El marketing orgánico, o "inbound marketing", implica contenido creado de forma natural por un artista, como entradas de blog o actualizaciones de redes sociales. Puede optimizarse para llegar a un público más amplio mediante tácticas como la optimización de motores de búsqueda (SEO). El marketing de pago es una estrategia premium, como la publicidad, la promoción de publicaciones o el contenido patrocinado. Invirtiendo en esto, puedes llegar potencialmente a más oyentes y convertirlos en clientes más rápidamente.

OTB (Out Of The Box): Acrónimo de "Out Of The Box" (fuera de la caja), es decir, cualquier trabajo de producción que se realice con un equipo externo fuera del ordenador, como un mezclador analógico o utilizando unidades de efectos de hardware.

Pitch: Un pitch es tu intento, el de tu publicista, manager o agente de contratación, de vender una idea a otra parte. El objetivo puede ser conseguir que una publicación escriba sobre tu música, conseguir el patrocinio de una marca, encontrar locales que te contraten o presentar tu música para que la consideren en una playlist. Una propuesta bien dirigida puede ofrecerte muchas oportunidades.

Comunicado de prensa: Un comunicado de prensa es una declaración que alerta a los medios de comunicación de lo que estás haciendo -un nuevo lanzamiento, una gira, una colaboración, etc.- con la esperanza de que obtenga cobertura.

PRO (Organización de Derechos de Autor): Organización local que ayuda a los artistas a recaudar derechos por las canciones que se tocan en lugares públicos como bares, discotecas, restaurantes, emisoras de radio, festivales de música y tiendas.

PUGC (Contenido Profesional Generado por el Usuario): Contenido generado por el usuario gestionado por un equipo de marketing que se encarga de las colaboraciones comerciales y la colocación de productos.

Alcance: El alcance es el número total de usuarios únicos que están expuestos a tu contenido. Puede ayudarte a comprender la eficacia de la publicidad en una plataforma concreta.

SPI (Índice de Popularidad de Spotify): Un número de clasificación de 0 a 100. 100 es el máximo nivel de popularidad posible en Spotify.

Segmentación: La segmentación es una forma de reducir tu audiencia deseada a determinados grupos demográficos y utilizar esa información para determinar la mejor forma de llegar a ellos, como promocionar tu música en una red social que es más probable que utilicen.

TM (Tour Manager): Un manager que viaja con los artistas, asegurándose de que todos los alojamientos, transportes y finanzas estén organizados y gestionando las comunicaciones relacionadas con la gira.

Mercado de gira: Un mercado de gira son las zonas geográficas y demográficas en las que piensas actuar. Puede ser amplio, como "Europa", o específico, como "ciudades con menos de 50.000 habitantes en el Medio Oeste de EE.UU.". Parte de tu campaña consistirá en determinar cómo dirigirte a los fans de estos mercados.

CGU (Contenido Generado por el Usuario): Cualquier cosa hecha por un usuario, como un vídeo de TikTok u otra publicación en redes sociales.

UPC (Código Universal de Producto): Un código UPC se utiliza para hacer un seguimiento de los productos en las tiendas. Cada lanzamiento tendrá asignado un UPC. Los códigos UPC se utilizan en EEUU y Canadá.

Sobre el autor

Mike Warner, nacido en Australia, es uno de los principales expertos en el mundo del streaming de música. Las versátiles funciones de Mike, tanto como consultor independiente para discográficas, director de relaciones con artistas sellos y DSP en Chartmetric, y actualmente como Jefe de Marketing Editorial (Parcerias) en Believe Norteamérica, le han permitido desarrollar y ejecutar campañas digitales estratégicas para una amplia gama de artistas de todos los niveles profesionales.

Mike ha compartido sus ideas en todos los escenarios, desde ser invitado en numerosos podcasts y aparecer en directo en la CNBC, hasta hablar en las mayores conferencias de la industria musical, como SXSW, NAMM y ADE.

Basándose en el éxito de la primera edición de Work Hard Playlist Hard, Mike ha ampliado el mundo de WHPH a un completo portal educativo en línea con https://workhardplaylisthard.com/ y una serie de podcasts con Mike Warner.

Siendo él mismo un artista independiente, Mike entiende mejor que nadie los retos a los que se enfrentan los artistas hoy en día. Un poco rebelde y obstinado defensor de los artistas independientes, Mike sigue siendo un apasionado implacable de dotar a los músicos de las herramientas que necesitan para triunfar.

Como educador, autor, conferenciante, ejecutivo y líder, el trabajo de Mike le ha valido el reconocimiento entre sus colegas como autoridad de referencia en la vanguardia del mundo de la música digital.

Para todo lo relacionado con el streaming, pregunta a Mike Warner.